1

重よし

4 オーボンヴュータン

11　ラ・ブランシュ

15

志ま平

14
埼玉屋

12　三州屋 銀座店

13

共栄堂

9

その

6 鳥茂

2
冨味屋

3　ビーフン東

10　支那そば屋 こうや

7　スリジェ

8

一幸庵

赤坂
おそば
砂場
砂場

25

赤坂砂場

16　バッカス

18　名曲喫茶ライオン

いわし さしみ 五五〇円
とりなんこつ からあげ
あんきも
とり肉入り さといも煮
しめさば 六〇〇円
かんぱち 七〇〇円

17 丸千葉

19

銀座レカン

・酒肴
水口
営業中
本日のおすすめ
まぐろ刺身 1200
たこ刺身 700
ハムサラダ 630
肉じゃが 480
よく冷えたビールあります。
MIZUGUCHI
tel.03-3844-2726

27　水口食堂

もり 六〇〇円
かけ 六〇〇円
たぬき 六三〇円
きつね 六八〇円
月見 六八〇円
玉子とじ 七〇〇円
ざる 六五〇円
大もり 七〇〇円
ミックス 七三〇円
力 七五〇円
おろし 七五〇円
カレー 八〇〇円
肉南 七八〇円
かしわ 七八〇円
けんちん 八八〇円
あんかけ 九〇〇円
かしわとじ 八八〇円
かしわかき玉 九〇〇円
肉せいろ 八八〇円
かしわせいろ 八八〇円
鴨せいろ 一一五〇円
鴨南 一一〇〇円
カツカレー 一二〇〇円
舞茸カレーうどん 一〇〇〇円
魚天 一一〇〇円
鍋焼うどん 一五〇〇円
天とじ そば うどん 一三〇〇円
天南 そば うどん 一〇〇〇円
天ぷら そば うどん 一三〇〇円
舞茸天 九八〇円
舞茸天もり 一二〇〇円
野菜天 九八〇円
かき揚 八八〇円
かき揚天もり 一二〇〇円
野菜天もり 一二〇〇円
ざるゴマだれ 八〇〇円
もりゴマだれ 七五〇円
セット ミニ天丼 もり かけ ざる たぬき
かご天丼 穴子天丼 えび天井 九八〇円
セット 玉丼 かけ もり たぬき 一〇〇〇円
セット 親子丼 かけ もり たぬき 一〇五〇円
セット カツ丼 かけ もり たぬき 一一〇〇円
セット カレー丼 もり かけ たぬき 九八〇円
ホタテかき揚 そば 一二〇〇円
きつねとじ そば うどん 八五〇円
白子天 そば うどん 一三〇〇円
白魚かき揚 そば 一一〇〇円
いんげんひたし
春菊ひたし
せりひたし
トマト
谷中しょうが
ほうれん草ひたし
白魚かき揚のみ
ししとう素揚
ししとう天のみ
桜海老かき揚のみ

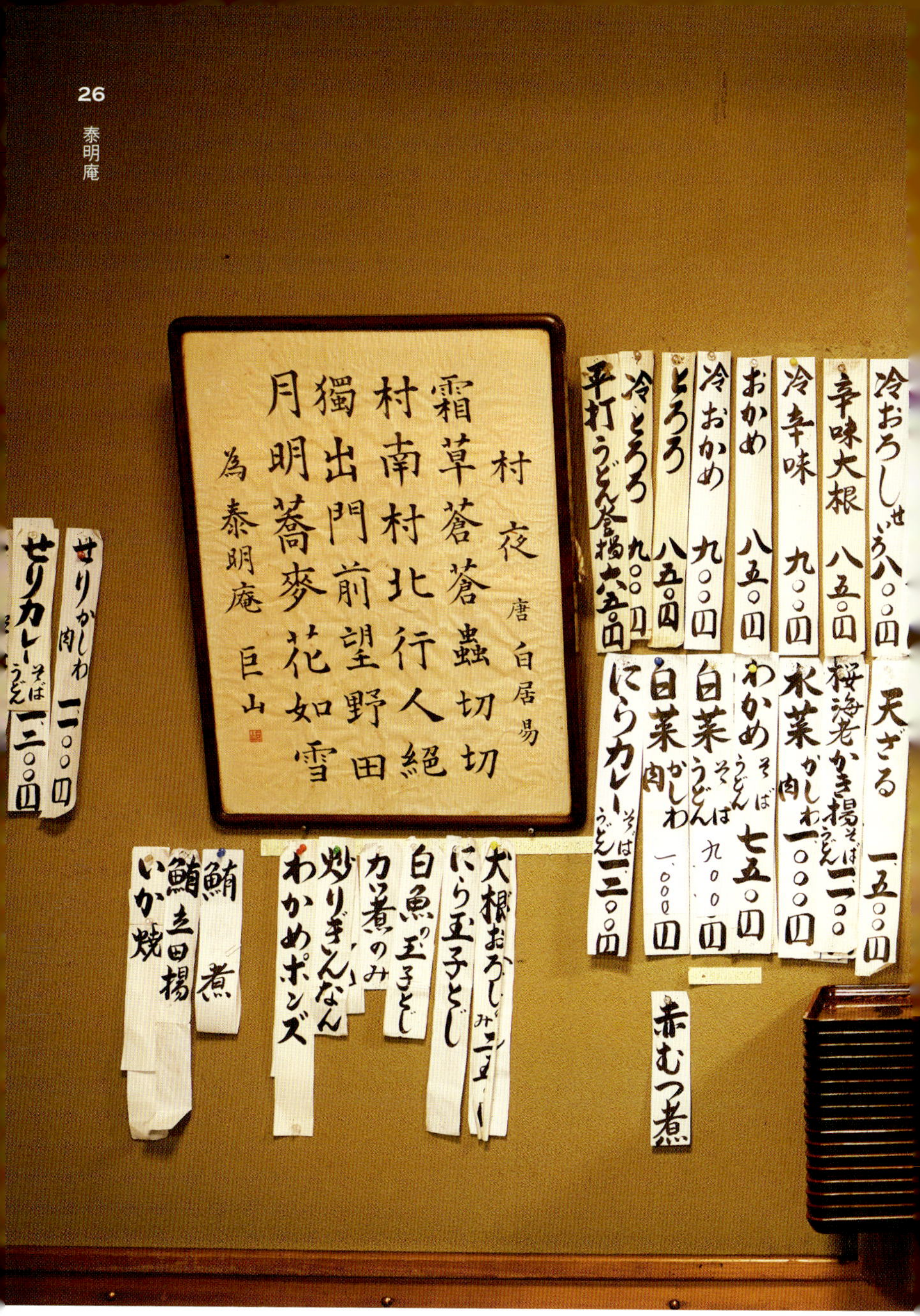
村夜　唐　白居易
霜草蒼蒼蟲切切
村南村北行人絶
獨出門前望野田
月明蕎麥花如雪
為泰明庵　巨山
冷おろし せいろ 八〇〇円
辛味大根 八五〇円
冷辛味 九〇〇円
おかめ 八五〇円
冷おかめ 九〇〇円
とろろ 八五〇円
冷とろろ 九〇〇円
天ざる 一、五〇〇円
桜海老かき揚 そば うどん
水菜 かしわ 肉 一、〇〇〇円
わかめ そば うどん 七五〇円
白菜 そば うどん 九〇〇円
白菜 かしわ 肉 一、〇〇〇円
にらカレー そば うどん 一、二〇〇円
せりかしわ 肉 一、一〇〇円
せりカレー そば うどん 一、二〇〇円
大根おろし
にら玉子とじ
白魚の玉子とじ
カキ煮のみ
炒りぎんなん
わかめポンズ
鮪煮
いか焼
赤むつ煮

21 ビストロ喜楽亭

いーはとーぼ
いーはとーぼ

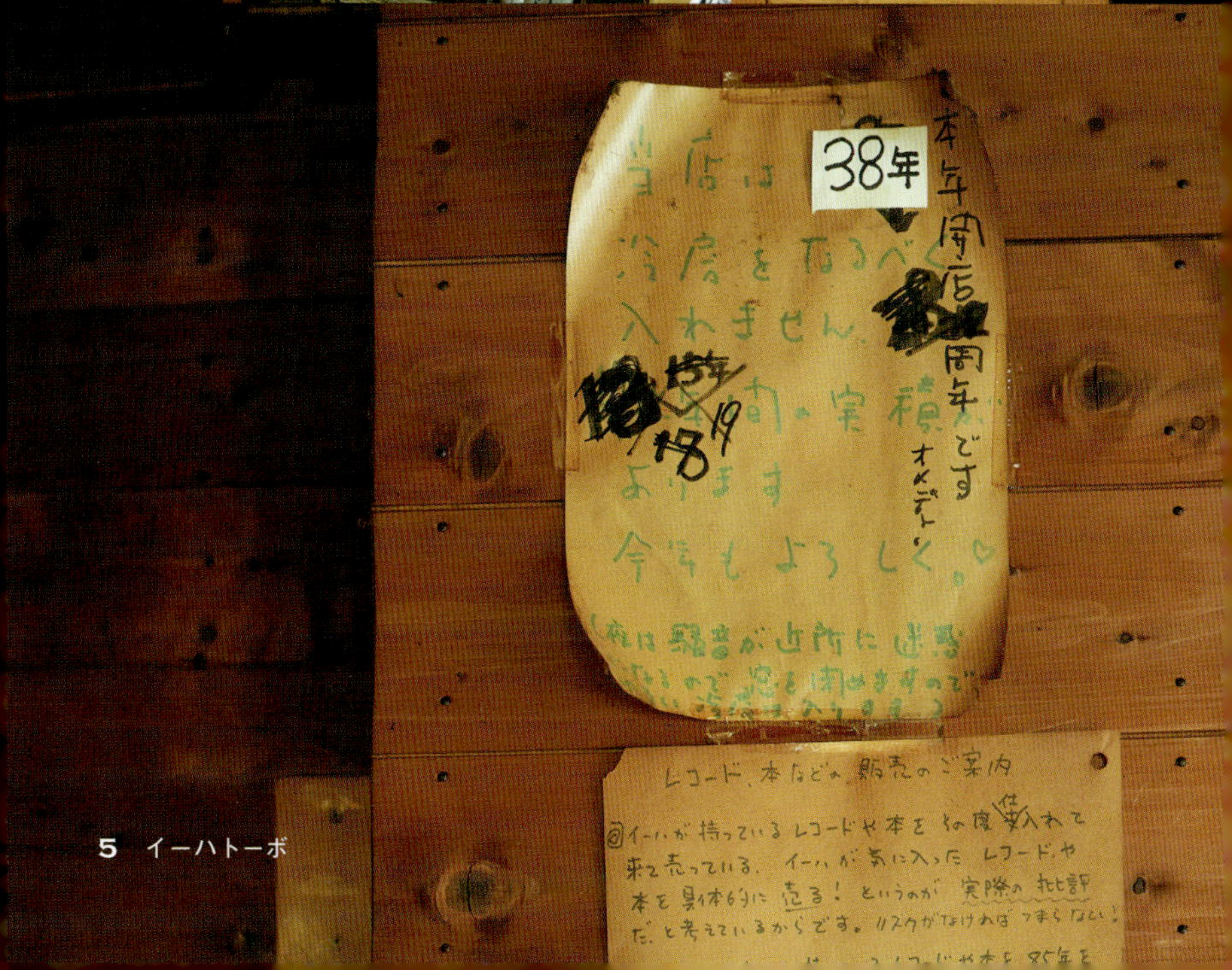
38年
当店は
冷房をなるべく
入れません。
今年もよろしく。
レコード、本などの販売のご案内

5 イーハトーボ

魚竹

28　マロ

23　幡ヶ谷 大昌園

はじめに

もう数年も前から、私より若い料理人やソムリエやコーヒー焙煎師たちが、昭和の店の話をキラキラとした目で語ることがたびたびあった。何もかも最新だらけの東京で、一番新しいのが昭和の店というパラドックス。

いや、パラドックスではじつはない。

昭和と言うと決まって「ノスタルジー」「懐かしい」なんて文脈に片づけられるが、彼らの話は懐古ではないのだ。

だって、知らないのだから。

一九七〇年（昭和四十五年）以降に生まれた人々は、十代で昭和が終わっている。もちろん昭和の空気を吸って育ったけれど、それは子どもの知る範囲、子どもだけの世界に限られる。

酒場に行く大人は知っていても、自分たちが酒場で飲んだわけじゃない。

大人と言えば家族か先生か近所の人で、社会のあらゆる大人たちがどんな言葉を話すのか、聞く機会はあまりなかっただろう。

すでに核家族化が進み、両親より上の世代、祖父母の言葉もほとんど聞いたことがないという人も多いと思う。団地ブームに沸いた都市部の子どもたちは、近所のおばさんにゴチンとやられるなんて経験はあるのだろうか。

ともあれ見てきたのは、テレビに映るバブルな大人と、浮かれた世の中だ。

彼らが大人になったとき、超就職氷河期といわれた社会は泥の船に思えたかもしれない。沈んでいく、壊れていく日本はすでに尊敬できるものではなくなって、豊かさもアジア各国に追いつかれ、追い抜かれようとしている。というより、そもそも日本は豊かだったのか。豊かさとは何なのか。怒りにも似た疑問は、どこに、誰に向けたらいいのか。

世界に対して、一体何を誇れるのだろう？　私は彼らより一つ上の一九六〇年代生まれだが、正直、そういう劣等感が常にあった。

しかし大人になって初めて入った昭和の店には、知らなかった日本が息づいていた。建物ならば「百年先までびくともしないように」という意識で建てられる仕事。食べものならば「人様の口に入れるもの」だから第一に清潔、健全と考えるメンタリティ。自分の手に負える範囲でものを作り、目の届く範囲で売る商売。

それは祖父母以前の時代に多い考え方だ。

長い昭和は第二次世界大戦の前と後とで大きく変わった。貧しい敗戦国となった戦後には、代用品だけでなく偽物も溢れた。高度経済成長期には合理化、量産、拡大の方向へ。箸を箸置きに揃えて置く人々は、いつからか箸置きを忘れ、揃えて置くことを忘れていく。

でも、がっかりするのはまだ早かった。玉石混淆《ぎょくせきこんこう》。多くの石の中にあって、埋もれない美しい玉が残ってくれている。

昭和を生きてきた先代、先々代からつづく気持ちを引き継いで、家族と、あるいは個人で守ってきた小さな正しさ。それは日本を諦めていた世代にとって、やっと見つけた光である。

ここに尊敬できる人々がいる。

だから孫世代の飲食人たちは、まるで祖父母の言葉を聞くように、昭和の店へと足を運ぶのだ。

一九七〇年以降生まれの飲食人は、そこで何を見ているのか？

本書は、『メトロミニッツ』誌で二〇一六年四月号から始めた連載「僕らが尊敬する　昭和のこころ」をまとめ、加筆したルポルタージュである。

この連載は、二〇一五年に上梓した『昭和の店に惹かれる理由』（ミシマ社）のスピンオフとして企画された。書籍のほうは私の目線、連載のほうは飲食の現場に立つ孫世代の目線。

申し遅れたが、私は飲食業に関わる人を取材し、新聞、雑誌、書籍などに書く仕事をしている。取材先はレストラン、バー、コーヒースタンドなどさまざまで、インタビューの相手は媒体に注目されている、つまり東京の飲食世界でも勢いのある人たちだ。

私に「昭和の店」の話を聞かせてくれたのは、なかでもひときわ個性的な店をつくっているオーナーシェフや、同業者にも尊敬されるソムリエたちだった。

流行が猫の目のように変わる東京、容赦ないスクラップ・アンド・ビルドの街で店をつづけていくために、必要なのは誰の真似でもない個性。それを自覚する飲食人は、考えに考え抜いている人である。

彼らが追いかけるのは「今、東京で人が集まる店」「流行っている料理」では決してない。

思想なき表現や、借り物の発想はすぐ見破られ、潰れてしまう。自分でなければならない仕事をしたいなら、他人《ひと》の見ないところを見て、他人より長く手を伸ばし、全力で握りしめるしかない。

そういう人たちの思考はこうだ。

〝目に見えている花より、土の中にしっかりと張れる根っこが欲しい〟

手にしたいのは、もっと根源的、本質的な何かである。その手がかりが、祖父母世代の「心」をつないだ店にあったのではないだろうか。


飲食の現場に立つ彼らの目は、当然、取材者である私のそれとはまったく違う場所を捉える。

この店の一体感はどうしてつくられるのか？

なぜ数百円のひと串に、こんなに心が揺さぶられるんだろう？

人の手の仕事にしか存在し得ない味、というものがあるんじゃないか？

ちゃんとする、ってどういうことか？

古びたカウンターや相席のテーブルで、独り飲み、食べ、考える。彼らの目線と思考は、私たちに「飲食店というものが、どんな思いでつくられているのか」ということも教えてくれる。ランキングや格づけ、評価、クチコミサイトなどで選ばれがちな飲食店だが、店というものは、店主の「思い」でできている。

そのシェフは、どんな思いでひと皿を作りあげているのか。そのサービスマンは、何を大事に接客しているのか。そういった「思い」が取材をうける彼らの口から次々とこぼれ落ちてきた。

飲食人を長年取材してきたけれど、この連載で切実に感じたことがある。

飲食店とは、こんなにも必死につくられるものなのだ。

人が生きるための糧《かて》、一瞬で消えてしまう味、日常の淡い時間。そういうものに人生を懸ける人々は、祖父母の世代から孫の世代へと共感し合っている。

こういう次世代がいてくれるなら、日本もまだまだ捨てたもんじゃないな、と思えるのだ。

変わらない店　僕らが尊敬する昭和　東京編

目次

はじめに 1

《料理人の目線》

1 本当に、それでいいのか？ 15
「ゴロシタ.」長谷川 慎（イタリア／カウンター・イタリアン）
「重よし」（日本料理）原宿

2 やっちゃいけないことを、絶対しない 21
「カルネヤサノマンズ」ほか 高山いさ己（イタリア／リストランテ）
「冨味屋」（焼肉）浅草

3 すべてはリズムでできている 27
「ダ・オルモ」北村征博（イタリア／リストランテ）
「ビーフン東」（台湾料理）新橋

4 自分の歌い方で歌え 33
「メゼババ」高山 大（イタリア／トラットリア）
「オーボンヴュータン」（フランス伝統菓子）尾山台

5 機能する空白 39
「サローネトウキョウ」ほか 樋口敬洋（イタリア／リストランテ＆トラットリア）
「イーハトーボ」（喫茶）下北沢

6 遺伝子を継ぐ 45
「レフェルヴェソンス」生江史伸（フランス／レストラン）
「鳥茂」（焼鳥）新宿

7 革新とクリエイション 51
「フロリレージュ」川手寛康（フランス／レストラン）
「スリジェ」（フランス菓子）調布

8 文化を、引っ掻き回す
「シンシア」石井真介（フランス／レストラン）
「一幸庵」（和菓子）茗荷谷
57

9 お互いさま
「ビストロ コティディアン」須藤亮祐（フランス／ビストロ）
「その」（お好み焼・もんじゃ・鉄板焼）麻布十番
63

10 昭和を守る外国人
「ボルト」仲田高広（フランス／フレンチ居酒屋）
「支那そば屋 こうや」（支那そば）四谷
69

11 緩みが心の棘《とげ》になる
「クリスチアノ」ほか 佐藤幸二（ポルトガル／小皿料理）
「ラ・ブランシュ」（フランス料理）渋谷
75

12 日常の店は、引き算である
「エスタシオン」野堀貴則（スペイン／メソン）
「三州屋 銀座店」（大衆割烹）銀座
81

13 三割の「すごく好き」
「傳《でん》」長谷川在佑（日本／イノベーティブ）
「共栄堂」（スマトラカレー）神保町
87

14 新しい世界へ、連れてってやるよ
「焼鳥今井」今井充史（日本／焼鳥）
「埼玉屋」（焼きとん・モツ焼き）東十条
93

15 物語を持っていること
「さいめ」嶋田寛元（日本／野菜と吊るし焼き）
「志ま平」（巽蕎麦）牛込神楽坂
99

16 街と一緒に歳を取る
「マルショウ アリク」廣岡好和（日本／牡蠣とおばんざい）
「バッカス」（バー）松陰神社前
105

《ソムリエの目線》

17　「おいしい」の向こう側へ　111
「HIBANA（ヒバナ）」永島 農（イタリア）
「丸千葉」（大衆酒場）南千住

18　今すぐにはつくれないもの　117
「ロッツォシチリア」阿部 努（イタリア）
「名曲喫茶ライオン」（名曲喫茶）渋谷

19　ゆったりと流れる大河のような　123
「モンド」田村理宏（イタリア）
「銀座レカン」（フランス料理）銀座

20　父の仕事を愛する　129
「ボン・ピナール」進藤康平（フランス）
「天茂」（天ぷら）赤坂

21　受け容れる力　135
「オルディヴェール」戸田健太郎（フランス）
「ビストロ喜楽亭」（カレービストロ）三宿

22　自分の中に毒を持て　141
「祖餐《そさん》」石井英史（ナチュラル）
「コート・ドール」（フランス料理）三田

23　お客さんはどう思うだろう？　147
「マルカン」川島けんすけ（ナチュラル）
「幡ケ谷 大昌園」（焼肉）幡ケ谷

《スペシャリストの目線》

24 ちょっとしたこと 153
「バー カコイ」大場健志（カクテル・酒全般）
「魚竹」（定食・季節料理）築地

25 生活と地つづきにある本質 159
「サンサ」橋本一彦（ビール）
「赤坂砂場」（蕎麦）赤坂

26 できるだけ長い時間、店を開ける 165
「麦酒屋 るぷりん」西塚晃久（ビール）
「泰明庵」（蕎麦・軽食）銀座

27 誰もが何者でもない 171
「ジェム・バイ・モト」千葉麻里絵（日本酒）
「水口食堂」（大衆食堂）浅草

28 最初のスピリットを継続する 177
「パドラーズコーヒー」松島大介（コーヒー）
「マロ」（喫茶）中野

おわりに 183

掲載店データ 189

変わらない店

僕らが尊敬する昭和　東京編

1

本当に、それでいいのか？

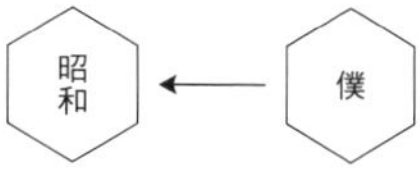

イタリア／カウンター・イタリアン
長谷川 慎「ゴロシタ.」オーナーシェフ

「重よし」（日本料理）原宿

身の無いすっぽん

三年前、長谷川慎《はせがわまこと》シェフの前に烏龍《ウーロン》茶色の液体が現れた。具が一つも無い、しかし輝くような透明感を湛《たた》えたそれを、彼は一瞬コンソメかなと思った。

「それがすっぽんのスープでした。身が一かけらも無いんですよ。普通すっぽんなら身を食べたいでしょ？　でも大将は、旨味はスープに出し切ってあるから食べてもうまくないと言うんです」

だとしても身が欲しい……はずだったのに、数日後、あの具の無いスープを飲みたくてたまらなくなっている自分に驚いた。

姿はないのに強烈にすっぽんを感じる、出汁《だし》が沁みるようなスープ。普通ならこうだろうという常識に囚《とら》われない、というよりも、「本当にそうなのか」と目の奥を覗き込まれるような、意志を持つ味。

料理人には、見えたのだ。

これが思いつきでは決してない発想と技術の賜物であることと、それを叶えるための料理人の努力が。

日本料理店「重よし」。ミシュラン二つ星という評価も得ているが、真の評価は顧客の面々が語っている。バブル前夜からの原宿で、文化と時代をつくってきた当事者たちが通いつづける店である。

とはいえ、昭和四十七年に開店した当時の佐藤憲三《さとうけんぞう》さんは、二十七歳の「生意気な」大将だった。曰く、この世に一番おいしい料理なんてない、正しい作り方など存在しない。どんな料理も、疑問を持たないことには解決しない。

すっぽんの考え方は、こうである。

一般に、丸吸《まるすい》（すっぽんの吸物）ではあたりまえのように生姜を使うが、本当に必要か。そもそも臭み消しの役割で、味のために入れるものではない。それに生姜は鰹《かつお》のタタキなどほかに使うべき皿があり、コースの中で食材が重複するのは、佐藤さん語録で言えば「鬱陶《うっとう》しい」。ならば、臭み消しなど必要のないスープを作れないか？

常識を常識と思わない型破り。しかし、いつかはそれが型になると信じるその道筋は、「作る」を繰り返すという、極めて真っ当、かつ地道な選択だ。

焼き火箸を入れるといった昔の臭み消しの手法から、鍋の素材や厚み、火加減、分量、時間。あらゆる構成要素を毎日微細に変えては作り、作っては考える。

ようやく答を見つけたのは一年後。糸口はすっぽんの量と抽出時間、使用する日本酒の種類にあった。

「正しく、丁寧に。料理はこれしかないんですね。正しくとは（習ったとおりという意味でなく）古典的な基礎のこと。それをひたすら愚直に。おそらく一番大切なことです」

佐藤さんの言う古典とは、江戸時代に完成されたといわれる日本料理よりさらに源流。体系立てられる前から脈々と伝承されてきた、暮らしの料理や、郷土料理のことを指す。

「最も新しい料理は、常に古典にある。古典に還《かえ》り、それらを繙《ひもと》いていったところに生まれると思う」

なぜその料理が、なぜその土地で根づいたのか？　なぜ、なぜ。佐藤さんは四十四年、自分に問いかけてきた。考えることに費やす時間は、絶対に無駄にはならない。神様は、そういう人にご褒美をくれるから、だそうだ。

手の仕事にしか存在し得ない何か

流行りの言葉で言うと、泥臭い仕事になるのだろうか。

「重よし」では鰹節をその都度搔《か》き、練り胡麻は国産の胡麻を根気良く擂《す》り鉢であたり、すり流しの枝豆は露地もののうす皮をむくことから始まる。

多くの若い料理人はこんなふうに思うかもしれない。

何もそこまでしなくても。真空パックの削り節のほうが手軽だし、ハンドミキサーなら胡麻擂りも枝豆のすり流しも一瞬。結果は一緒。

それでも佐藤さんは、千人に一人でも違いがわかる人はいると確信している。

その、一人に向けて料理を作っているのである。

「手の仕事にしか存在し得ない、何かがあるんですよ。安易な道に流れると、簡単な方法ばかり探すようになる」

今、ガストロノミーの世界では調理法や機器が常に更新されていて、料理人もマスコミもみんなが飛びつく。早く飛びつかないと不安になる、と言ったほうがいいだろうか。知らないでは済まされない。だから長谷川さんだって、最前線といわれるスペインも北欧も訪れたのだ。

だが彼曰く、そこに驚きと刺激はあっても、おいしさに結びつく感動はなぜかなかった。そして見回せば東京も、その軌道で走り始めていたのである。

「機械で作る味は、誰が作っても同じになるような気がして。それは結局、〝おいしいけど、ここじゃなくてもいい店〟になるってことじゃないのかなと」

逆に自分自身の技術で作る味は、その店でなければ食べられない。つまり、代わりのない店になれるのではないか。

大将はまさに、繰り返し繰り返しをつづけてきた、自分の積み重ねから考える。機械の前にできることはある。

その在り方を、長谷川さんは「本質」だと感じた。料理の本質、料理人の本質。そう気づいたら、居ても立ってもいられなくなってしまった。

「このままでは終われない。僕にできる技術はまだまだあるはず。もっと上に行きたいと思うようになったんです」

澄み切ったすっぽんのスープは、「本当にそれでいいのか？」と若い料理人に突きつけたのである。

二〇一六年六月号

僕

一九七七年生まれ

長谷川 慎

Makoto Hasegawa

うまいものなら散々食べ歩いた――この店のカウンターに並ぶのは、そういう面々である。恵比寿「ゴロシタ.」はイタリア料理店だが、長谷川さんには「イタリアそのまま」の伝統料理を作る気はさらさらない。それはイタリア修業組がすでにやっていることだからだ。

彼は「ザ・リッツカールトン大阪」の地中海料理レストランや「グランドハイアット東京」からスタートしている。そこからイタリア料理を好きになって、現地で修業したシェフがいた中目黒「ラ・ルーナ・ロッサ」で一年修業。だが、いざ念願のイタリアを三ヵ月旅したとき、ピエモンテ州のリストランテで愕然としてしまった。「生まれも育ちもイタリアの料理人が作る、これがイタリア料理というものなら、自分には作れない」。

だったら料理人として、日本人の自分だからできる表現は何か。帰国後、丸ビルの「ヒロ・チェントロ」、祐天寺「アンナータ」と広尾「クリオーゾ」ではシェフを務め、二〇一四年十一月に独立。その間、長谷川さんは日本の食材を掘り下げてきた。魚の熟成を学ぶため鮨屋で研修したこともある。生産者と交流し、質は高いが値段も高い食材を、根気よく使いつづけ支えてきた。

さらには料理ジャンルを問わず、日本でも海外でも評判の店があると聞けば必ず自ら足を運び、味わう。うまいものへの欲求と行動力は、山を求める登山家に近いといつも感じる。そうして外界で蓄えた経験をひとり厨房で表現する、「ゴロシタ.」は一〇〇%長谷川慎の世界である。

昭和

昭和四十七年創業

重よし

Shigeyoshi

東京オリンピックの翌年、昭和四十年に完成したコープオリンピアは、建築家ル・コルビュジエの集合住宅「ユニテ・ダビタシオン」に倣《なら》った屋上プールにアメリカ型のスーパーなどが入った、外国の匂いを纏《まと》った建物だった。

七年後、その一階に「重よし」が開店。千代田線開通により明治神宮駅が現れたこの時代、原宿には最先端のファッションが集まり、映画や広告などの世界で活躍するクリエイターたちが集まる街になっていた。

彼らの舌を楽しませ、和ませ、あるいは刺激を与えたりしていたのが「重よし」店主・佐藤憲三さんの料理である。

佐藤さんは昭和十九年生まれ。立教大学経済学部を卒業後、二十二歳で名古屋「重よし」の門を叩く。当時の料理人には珍しい大学出、遅いスタートであった。二十七歳で暖簾を分けてもらい、東京・原宿で独立。修業期間はわずか五年。

だからこそ店を構えてからが勉強だった。曰く「科学だけでは説明のつかないのが料理。繰り返しの中で学び取るもの」。料理屋で食べた皿は決して質問せず、黙って帰っては自分で再現。文献も読み込んで、とにかく自分で試作する。それが佐藤さんの勉強、つまりすべては経験で得た答である。

その答を、佐藤さんは隠さない。能書きは嫌いだから自分から説明することはないが、同業者であっても訊かれればすべて明かしている。それで若い料理人が同じようにできるなら、自分はさらに上を行くまで、である。

2

やっちゃいけないことを、絶対しない

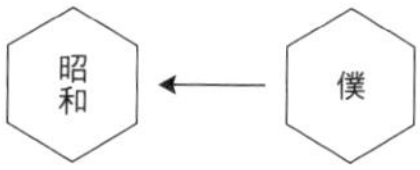

イタリア／リストランテ
高山いさ己　「カルネヤサノマンズ」ほか　オーナーシェフ

「冨味屋」（焼肉）　浅草

飲食業は、地味と些細《ささい》の積み重ね

料理人として独立しようと決めたとき、高山《たかやま》いさ己《み》シェフは自身に問いかけた。

「自分をさらけ出せるものは何か?」

ルーツを辿れば、その根っこに「肉」があった。

大正生まれの祖母が昭和三十五年、浅草に構えた焼肉店「冨味屋《ふみや》」。彼は週六日、この焼肉を食べて育ったのだ。

「実際、焼肉を週六ってうんざりしますよ。自分を何とか飽きさせないために葱を巻いたり、胡麻を振ったり、焼き方も変えて。これはもう工夫なんかじゃなくて、生物の進化です」

制服に煙を吸い込ませながら、肉を焼くお客の隣で宿題をする高山少年。同時に、そこにはいつもテーブルを隅から隅まで拭きあげ、皿をしっかり洗い、肉を丁寧に切り出す祖母がいた。

その姿が教えてくれたのだ。

〝飲食業っていうのは、やりたいことをやるんじゃなくて、やっちゃいけないことを絶対やらない。それを守ること〟

たとえば清潔、安全は大前提。という理想は誰でも謳《うた》えるが、問題は、どこまで実践できるか。グラスの曇り、エアコンフィルターの汚れ、カーテンの裾の黄ばみ。お客にしたら無くて当然だと思うことに、どれだけ神経を注げるか、だ。

今、高山さんは自分の店、牛込神楽坂「カルネヤ」と西麻布「カルネヤサノマンズ」で、祖母の教えを素直に守っている。

とてつもない地味と些細の積み重ね。だが、お客はその仕事を意識せずとも肌で感じるからこそやって来る、ということを創業五十六年の「冨味屋」は証明している。

「皿を見ても、この皿カッコいいな、としか感じないような、やりたいことだけやってる料理人はすぐ潰れます」

戦後、「浅草花やしき」近くの小路に在日韓国人が身を寄せ合って、故郷の味で商売を始めた。当時は数十メートルにわたって約三十軒の焼肉店がぎっしり並び、誰が呼んだか「焼肉通り」。高度経済成長期の浅草は演芸の街としても大いに賑わい、毎日がお祭りのようだったという。

高山さんの祖母、安田《やすだ》奉月《ほうげつ》さんは定食屋からスタートしたが、彼女のおふくろの味的焼肉が好評過ぎてだんだん焼肉専門に。今、小路には九軒しか残らないというのに、「冨味屋」は安定の人気ぶりだ。

むしろ、二代目になってますます肉好きの注目を集めているともいえる。

懐石料理の修業をした兄・高山勇男《いさお》さんが跡を継いだのは約二十年前。祖母の味を守りつつ、じつは、お客が気づかないようにマイナーチェンジをしている。

「先代と同じでは絶対、味が落ちたと言われるもの。二割増しおいしくなって初めて、変わらないと認められる」

醤油の銘柄も替え、包丁の仕事を変え。

たとえばミノは、それまで繊維を叩いて潰していたのを、勇男さんはサクサクした食感を残しつつ、やわらかくするため鱧切りのように細かな包丁目を入れる。和食を学んだ彼ならではの技術である。

あの人のところに行けば間違いない

一方で、時間と手間のかかるものはかける、という奉月さんの「あたりまえ」は決して変えない。ホルモンは塩、小麦粉、酢の三段階で揉《も》み洗いし、旨味は残しつつしっかり臭みを取る。ちなみに店の掃除は営業前後だけでなく、営業中にも隙があれば几帳面に磨いている。

高山さんに言わせれば、そういった「富味屋」の仕事を象徴しているのが「テグタンスープ」だ。

牛テールやカルビの端肉を一度茹でこぼしてから、香味野菜と五時間煮込んで出汁を取る。この肉を一旦取り出し、醤油、酒、砂糖、生姜、唐辛子と一緒に弱火で煮て醤《ジャン》を作り、再び出汁と合わせたスープ。

「すごい仕事ですよ。いつも、まだやってんの？ っていうくらいぐつぐつやって、だから肉の旨味が溶け込んでいて。こんなに手間をかけながら、これはそういう値段だから、と八〇〇円です。今の店は〝いかにおいしい肉を選ぶか〟ばかりだけど、でもこのテグタンスープは、作る人の地味な根気でできている」

勇男さんは、長男だからと和食を諦めて焼肉を選んだ人である。

自分から「焼肉の仕事がしたい」と熱望したわけじゃなく、それどころか最初は、「焼く」という作業をお客に任せるという、焼肉店の常識でさえ抵抗があったほどだ。

なのになぜ、これほどの探究心が持てるのだろう。

「地元だからですよ。浅草の友だちも先輩も後輩も、みんなが『富味屋』の味を知っていて、味が落ちたなんて言われたらもう、恥ずかしくて街を歩けない」

やっちゃいけないことを絶対にしない。

もう一人の孫にも、祖母の心が生きていた。

九十二歳の奉月さんは、二〇一六年現在、仕込み中には店に立っている。孫は三人、ひ孫が五人。この子たちが宝だと、綺麗な笑顔で語った。孫たちはみんなおばあちゃん子、と勇男さんは教えてくれたが、きっとお客たちもそうなのだろう。

あの人のところに行けば間違いない。祖母の代も兄の代も、「富味屋」はそう言われる店である。ランキングより点数より、浅草ではそれが最高の褒め言葉だ。

いや、牛込神楽坂でも西麻布でも、それは受け継がれていくのだろう。

店がつづけられることは、奇跡のようなものだと高山さんは言う。お客がずっと来つづけてくれること、自分の健康、働く人、すべてに恵まれてなければ叶わない。

「だから、冨味屋には飲食業の夢が詰まってる」

料理人としてどう歩いていけばいいのか。その道を、祖母が照らしてくれた。

二〇一六年十二月号

僕

一九七五年生まれ

高山いさ己

Isami Takayama

母が浅草の焼肉店「冨味屋」の娘。高山いさ己さんは姉と兄を持つ三人きょうだいの末っ子に生まれ、焼肉の匂いの中で育ってきた。「僕はこの世界に〝やりたい〟から入っていない」という彼は高校時代、もの書きか学者になりたかったそうだ。しかし「無理かな」と感じたとき、現実的に、ずっと見てきた飲食業に決めた。正確には、飲食というより客商売、人と接する仕事である。趣味は人間観察。店という場所にはお客という、毎日違う人が来る。

高校卒業後、母と食べ歩いて決めたフランス料理店で四年、「エノテカ」で四年修業。イタリア・フィレンツェで三ヵ月研修後、代官山「ラ・トスカーナ」シェフに就任。今度は永住を決意してローマへ飛ぶが、首相交代により就労ヴィザが取れず帰国。都内のイタリア料理店三店でシェフを務め、三十一歳で独立した。オーナーシェフとして、二〇〇七年に「肉」を打ち出したイタリア料理店「カルネヤ」を牛込神楽坂に、二〇一五年には熟成肉専門店の「さの萬」と組んで「カルネヤサノマンズ」を西麻布に開店している。

独立前、高山さんは自身を分析した。たとえば「三つ星で修業」とか「イタリアで五年」など特別な経歴があるわけでもない自分が、このモンスターだらけの東京で勝負できる、強みは何だろう。一年半も考えて出した答が「肉」だった。育ってきた環境、食べてきたもの、誰よりも何よりも知っていること。彼の言う「自分をさらけ出せるもの」は、絶対的に強い武器になる。

昭和

昭和三十五年創業

冨味屋

Fumiya

初代・安田奉月さんは韓国で生まれ育った。先に帰国した日本人の夫を頼りに三歳の娘を連れて来日したものの、再会叶わず、同胞の集まる浅草に身を寄せた。韓国に帰る食堂経営者から、お金をはたいて店を買い受け、「冨味屋」を開店。日本語も話せなかったが、働き者の彼女は助けてくれる人に恵まれたという。当初はごはんに味噌汁、玉子焼き、野菜炒めなど家庭料理が中心の定食屋。焼肉はホルモンを少し出していただけだった。

だが、このホルモンを使った焼肉が大好評で、徐々に焼肉の店と認知されるようになっていく。高山さん曰く、奉月さんの焼肉は「たれ」のおいしさ。リンゴやレモンも入った軽やかな酸味の醬油だれ、コクのある味噌だれ、胡麻油を利かせた二種類の塩だれで下味をつける。

今、焼肉を塩やわさびで食べさせるスタイルが流行っているけれど、「冨味屋」はたれ。このスピリットを継いでいるのは、高山シェフの兄、高山勇男さんだ。一九七二年に生まれ、懐石料理店で修業。店を手伝っていた母が体調を崩したため、二十五歳のときに跡を継いだ。それからもう二十年が経つ。

奉月さんの味をリスペクトし、大事にしながら、勇男さんは料理人の仕事をそっと施して完成度を高めてきた。取材時点では昭和からつづく店舗を磨きあげて使っていたが、その後、二〇一七年には改装。言葉に遠慮のない地元・浅草の人々が「あの人のところに行けば間違いない」と言う「あの人」とは今、奉月さんから勇男さんになっている。

3

すべてはリズムでできている

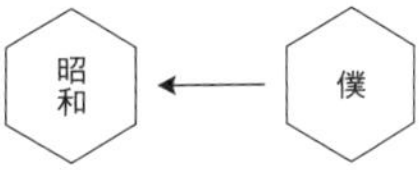

イタリア／リストランテ

北村征博　「ダ・オルモ」オーナーシェフ

「ビーフン東」（台湾料理）　新橋

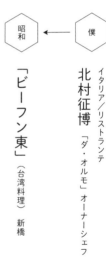

全員が、すべきことをわかっている

昼の営業開始より少し早めに到着すると、すでにお客が並んでいた。十一時半、開店。と同時に一人客はカウンターへ、二人客はテーブルへと、心得たように散り散りになっていく。接客担当がパパッと注文を取り、厨房に声をかける。料理人たちは返事も無しに、それぞれの役割で動き出す。

「すごい集中力。スタッフもお客さんも全員がすべきことをわかっていて、お店のすべてに神経が行き届いている」

それが初めて訪れた「ビーフン東《あずま》」の感動だったと、北村征博《きたむらゆきひろ》さんは言う。

彼がシェフを務める神谷町のイタリア料理店「ダ・オルモ」もまた、厨房と客席がお互いに丸見えの配置。だから、料理人がいかにお客の気配を見ながら作っているか、がよくわかった。

「料理人をつづけていると、いつの間にか目の前の料理だけに注意が行きがちになる。でも本当はお客さんを見なければ、それは自己満足というか、気持ちのこもらないものになると思うんです」

昼だけで四、五回転、一日二〇〇食も出る「ビーフン東」で、料理人は注文票を「書く」「見る」の一秒さえ割愛し、耳で聞き頭で覚える。彼らはそれが「どの席の注文か」まで把握しながらガンガン作り、待たせせない。

お客のほうもサッと食べてすっと立ち、次の人のために席を譲る。この歯車が咬み合って初めて、店は生き生きと動き出し、活気が生まれていく。

「どの店にも、その店のリズムがある」

三代目、東俊治《あずましゅんじ》さんは言う。

お客のほうも、注文が固まらないまま接客係を呼んだり、お喋りに夢中で最後のひと口が残りっぱなしなど無粋というもの。教えてくれる先輩がいなければ、周りを見て学習するのみ。

「お客さんも店のリズムを覚えな、ね。そのほうが気持ちいいやろ」

すべてはリズムでできている。

東さんは十八歳から店に立ち、現在七十歳。目覚ましをかけずとも七時前に起床、七時半に出勤、椅子とテーブルを外に出して床を拭く。仕込みの後も何時に銀行、何時に戻り、と時計のように正確。店のスタッフは東さんが今どこにいるかがわかるから、携帯電話も必要なし。

「それが休みの日なら、布団から出たくないと言ってもいいよ。でも店がある日は別。店をつづけていくには、自分の身体のリズムを持ってなあかん」

曰く、目指すのは「普通」。体調維持は当然だが、張り切り過ぎても疲れてしまう。普通が一番、難しい。

六十七年つづけた「そういうもん」

「ビーフン東」は、東さんの伯母で初代・藤坂絹子《ふじさかきぬこ》さんと東幸子《あずまゆきこ》さん姉妹が、昭和二十六年、戦後のバラックが密集する新橋・狸小路《たぬきこうじ》に開業した。

なぜビーフンかというと、姉妹が日本統治時代の台湾で生まれ育ったからだ。

戦争で戻れなくなった故郷の味。しかしそれ以上に、巷に溢れる蕎麦やうどんでなく「ビーフン」という個性を打ち出したのは、絹子さんの才覚である。料亭の家に生まれ、自らも台湾、フィリピンで女将《おかみ》を務めた彼女の洗練された味覚。それが、ビーフンの軽快で品のある出汁や、バーツァン（中華ちまき）の具材の妙——豚肉にピーナッツ、椎茸、うずらの卵——に宿っている。

ところが、ビーフンそのものは特別なものでなく、誰もが知っている大衆的な乾麺である。北村さんには、そこがいっそう素敵だな、と感じられた。

「普通のビーフンを使いながら、出汁、具材、仕事で味を突き詰めている」

まさに、彼らは乾燥ビーフンを湯でなく、鶏ガラスープで茹で戻していた。麺自体にしっかり旨味を吸い込ませるためだが、なんとも贅沢なひと手間だ。

「おいしいもの、いうのは手間ひまがかかるもん。そういうもんや」

東さんは大阪育ちで、大学入学を機に上京、同時に伯母姉妹と一緒に店に立ってきた。当初からずっと、味がブレないよう日々確認。作り置きせず、注文が入るごとに一から作るのも、六十七年つづけてきた「そういうもん」だ。

つまり、あたりまえのことである。

今、「ビーフン東」が入っている新橋駅前ビルは昭和四十一年に建てられ、バラックの店も統廃合された。このビルへ移ってから数えても五十二年。

しかし店内は、そうとは思えぬ現役感。昭和のデザインが気持ちよく呼吸し、生きている。木製戸棚とその薄い硝子、中にしまわれた皿、カウンターのペンダントライト。清潔という以上に、大切に使われている気配が伝わってくるのである。

「ビーフン東」の拭き掃除は毎朝のほか、昼と夜の営業後にも行われる。熱い湯を使い布を固く絞って、棚や硝子、壁の凹凸まで。

いつも綺麗だから大掃除は必要ない、と東さんは言う。

「何事も、横着をしないことです」

北村さんは「横着とは、誰もが持っている心」だと思った。

気がついたらついはしょっていた、怠けていた、という隙は誰にでも忍び寄り、その小さな緩みが、やがて味にも店の空気にも漏れ出てしまうことになる。

東さんはきっと、「横着をしない」を、意識してつづけているのではないか。

「極めている人とは、つづけられる根気がある人なのかもしれません」

毎日きっちり行う掃除も、鶏ガラスープで茹で戻す麵も、つづけるうちにそれが普通になった人、ということ。

それほどの気構えで臨む毎日。だとすれば普通とは、なんと尊い境地だろう。

二〇一八年四月号

僕

一九七五年生まれ

北村征博

Yukihiro Kitamura

放浪の旅から地元京都へ帰る途中、埼玉でイタリア料理人になった。その後は直球イタリア道。東京のイタリアと呼ばれた広尾「ラ・ビスボッチャ」で三年。二〇〇〇年から北イタリアだけで三軒、各一年ずつ働いて四季の料理を見た。

ロンバルディア州のリゾット名人の店「アル・ピーノ」、エミリア＝ロマーニャ州の山の中にある「パオロ・テベリーニ」、そしてトレンティーノ＝アルト・アディジェ州の「シューネック」である。オーストリアとの州境にあるこの地域は、イタリアだけどドイツ語圏。山岳地帯独特の食材と料理、少数派のアイデンティティに誇りを持っている。

彼が修業した時代は日本人コックが最も多く、当然、帰国後の東京は激戦区になった。その渦中にいても、しかし北村さんはいつも自分の速度を崩さない。二〇〇四年からはコレド日本橋の「ベアート」、二〇〇七年には「トラットリア・ブリッコラ」のシェフ。前者は商業ビル、後者は新宿三丁目の大箱で深夜営業という、「便利」で片づけられそうな条件でありながら、「多くの人に味わってもらえるなら、なおさらきちんと掘り下げなければ」と考える料理人。結果、ネオン煌めく街で山岳地帯の伝統料理という見事な振り切りっぷりと、精度の高さが支持された。

ソムリエの原品真一《はらしなしんいち》さんとともに二〇一二年、神谷町に独立開店した「ダ・オルモ」では、伝統料理を軸にした日本での表現を追求。辺境の地で学んだ「誇りを持つ」という在り方を、東京でやっている。

昭和

昭和二十六年創業

ビーフン東

Bi-fun Azuma

東家は、明治三十三年頃に日本統治下の台湾へ渡り、台南で料亭「東楼」を開業。後に「ビーフン東」初代となる藤坂絹子さんは大正元年、この家の三女に生まれ、若くして「東楼」の女将となる。第二次世界大戦開戦の翌年、フィリピン・マニラに移り高級料亭「東」を開けた。

戦況悪化に伴って帰還命令が出るも、従業員だけ帰国させ、絹子さんは弟の東敬之佐《けいのすけ》さんと一緒に海軍の最期を見届ける思いで残留。ついには海軍のマニラ脱出とともに山中のジャングルで終戦を迎え、米軍に拘留された後、復員輸送艦で日本へ送られた。

復員後間もなく敬之佐さんが大阪に「台湾料理 東」を、昭和二十六年には絹子さんが妹の東幸子さんと新橋に「ビーフン東」を開店。駅前の狸小路という、極小の飲食店や飲み屋が密集したバラック群にあるこの店が多くの元海軍軍人に愛されたのは、戦友絹子さんとの絆ゆえ。しかし労働者も政治家も、皇族までもが足を運んだのは、ビーフンやバーツァンのおいしさゆえである。

昭和四十一年に新橋駅前ビルが建ち、バラックの店が収容されると、もはや戦後の気配は消え、新橋は一気にサラリーマンの街へと加速する。

ここからは東京の大学へ通う敬之佐さんの息子・東俊治さんも参加。絹子さん、幸子さんの亡き後、平成四年から三代目を継いだ。昭和二十二年生まれの七十歳。伯母のDNAを継いだかつての大学生は今、店の片隅で睨みを利かせ、「ビーフン東」にピシッと筋金を入れている。

4

自分の歌い方で歌え

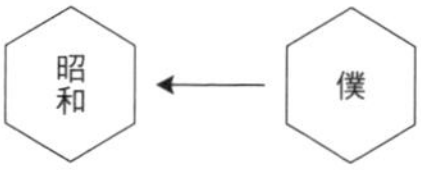

イタリア／トラットリア

高山 大 「メゼババ」オーナーシェフ

「オーボンヴュータン」（フランス伝統菓子） 尾山台

ブレないとかそんな高尚なことじゃない

河田《かわた》勝彦《かつひこ》シェフのフランス菓子は、芯に来る。

そう語るのはイタリア料理人、「メゼババ」の高山大《たかやまはじめ》シェフである。

「ボクシングで言えば、ジャブがジャブじゃない。ストレート級の力で来て、食べた瞬間〝あ、やられる〟とわかる。皮だけでなく骨まで断たれる感じです」

毎週のように食べること、かれこれ二十年あまり。

お金のない修業中は小さな焼き菓子を週一個、翌週は違う種類をまた一個。そうして今なお通いつづけては、「肉を焼くように泥臭く焼き上げた」茶色いお菓子に、彼は問いつづけるのだ。

「時代の始まりをつくり、今なお先頭にいる。それって何なんだろう?」

東京・尾山台に「オーボンヴュータン」が開店したのは昭和五十六年。日本ナイズドされた「ケーキ屋」が大勢だった時代に、フランス菓子の地方性や伝統を持ち込んだ。

河田さんの職人としての始まりは、東京オリンピックの年に遡《さかのぼ》る。当初はフランス料理を志すも、身体的理由で料理を断念。そのとき、隣の厨房からお菓子を焼く甘い香りがした。

「料理が駄目なら菓子をやってやる」

ケーキなんて食べたことすらないけれど、こっちに進むしか道はない。

西洋菓子店を経て、昭和四十二年に渡仏。パリの菓子店に入るも、今度は五月革命が勃発し、修業先が閉じてしまう。

「社会の変動はしょうがない。しかし人間ってね、破壊行為を目の当たりにすると心がズタズタになります。破壊ってのが残す衝撃はひどいものです」

パリから逃れフランス各地へ旅に出ると、その先々に土地の伝統菓子があった。

今、「オーボンヴュータン」のケースに並ぶのは、そういったさまざまな種類の地方菓子である。その多くが、三十六年、変わらず作りつづける定番だ。

一度、高山さんは「オーボンヴュータン」の厨房に入れてもらったことがある。お菓子を焼く間、オーブンをじっと睨む河田さんの目が忘れられない。

「親の敵《かたき》を見るような目で。一瞬の差も許さないという精度を、毎日、毎回、一個一個積み重ねてこられたんだなと」

変わらないお菓子で先頭に立ちつづける人は、高山さんの目には「前を向くのでなく、自分の歩いてきた道のりを見ながら前へ進んでいる」ように映る。

つまり、原点に背を向けない歩み方。

更新という言葉で過去を切り捨てる時代に、河田さんは過去から目を離さない。ということを私たちは簡単に「ブレない」と言ってしまうが、違うのだ。

「その言葉は嫌だね。悩みなんてジジイになってもあるし、できることがそれしかないからつづけているだけ。ブレないとかそんな高尚なことじゃない」

嫌いな人は嫌いで、大いに結構

高山さんはカウンター八席のイタリア料理店「メゼババ」を一人で切り盛りしている。もう何ヵ月待ちかも忘れてしまうほど予約の取れない店でありながら、店主の心には最近、こんな言葉が引っかかっている。

「お金を遺すは下、仕事を遺すは中、人を遺すは上」

自分は人を遺せるか？　数百人を輩出した「オーボンヴュータン」のように、職人仕事を追求しながら文化を守り、若い人を育てることができるのか。

河田さんの答は、シンプルだった。

「僕は人なんか育てません。弟子でもない。働いてもらう限りは従業員、仕事をきちんとしてくれればそれでいい」

働くとはどういうことか。

今よりいい給料をもらうためにはもっといい仕事をする、それだけ。一段上がれば一段上の景色が見えて、やがて旅立てる。「輩出」でなく「通過」だそうだ。修業先は彼らにとって過程の一つ。自立できたとすれば、それは本人の努力であり、シェフの努力ではない。

「日本では、周りがすぐ手を貸してしまうでしょう。それは親切じゃありません。親切とは突き放すこと。人間、自分で苦労しないと考えない」

職人の修業は、誰もが真似から始まる。先輩の動きを覚え、本でレシピを学び、経験値を蓄える。

だがひとたび自立したならば、もう真似をする段階じゃない。

それが河田さんの主義である。見るべきは他人でなく、己の中身。自分の表現は、自分の中からしか生まれない。

半世紀、自分の表現で勝負しつづけてきた菓子職人は、きっぱりと言う。

「僕のお菓子を嫌いな人は嫌いで、大いに結構」

『We Are The World（ウィ・アー・ザ・ワールド）』という歌がある。

人種も性別も背景も違うアーティストたちがリレーでつないでいくあの名曲のミュージック・ビデオが、高山さんは好きだ。

全員が全員「自分の歌い方」をしているから。マイケル・ジャクソンもシンディ・ローパーもスティービー・ワンダーも、誰もが、誰の真似もしていない。

それを観るたび、日本のイタリア料理の世界もこうなるといいな、と思うのだ。

「たとえば創作的な料理が流行ればみんなそっち、でなく。ほかの人を否定するのでもない。それぞれのやり方でイタリア料理という一つの歌を作れたら、もっと豊かになりますよね」

自分の歌い方で歌え。

イタリア料理人は、茶色くて小さなフランス伝統菓子から、そんな声を聞いていたのだろうか。

二〇一七年十月号

僕

一九七五年生まれ

高山 大

Hajime Takayama

横浜「ベネチア」、代々木「アロマ」、奥沢「ヴィコレット」を経て、二十六歳でイタリア・フリウリのサン・ダニエーレ村近郊にある一つ星「ラ・タヴェルナ」へ。暖炉でゆっくりと焼くサルシッチャや、一粒の芯まで火を通したポレンタ。そういう皮膚感覚のようなものを一年半かけて体感した。

二軒目もまた一年半、トスカーナのオステリア「クアトロ・ジッリ」でおばあちゃんの作る古典的な料理を学んだ。肉屋、ジェラテリア、チロルの食文化が残るヴェネトのリストランテでも修業。約四年修業して帰国。二〇〇六年より「キオラ・ザ・フォーコ」、「ヴィーノ・デッラ・パーチェ」、「ラ・フォルナーチェ」と三店のシェフを務めている。

二〇一三年に独立、「メゼババ」開店。これまで恵比寿や西麻布といったキラキラした街でシェフを張っていた高山さんが開店したのは、下町文化が色濃い、東東京は亀戸。彼のイタリア料理店としては正直誰もが驚いた。しかも居酒屋の居抜き、カウンターのみ、シェフひとり。本人だけが「ビールでも呑みに寄ってよ」なんてちょっと楽しそうだったのだが。それが今や、である。

東京中の食通を、彼は総武線に乗せた。いやタクシーか。「メゼババ」はたしかに超予約困難だが、あえて言うなら当然だ。彼は、人が笑うことを大真面目にやってきた。たとえば尊敬する焼き菓子を毎週、二十年以上食べつづける、とか。

誰もができることじゃない、その最果てに訪れた満席であることを知る人は、案外少ない。

昭和

昭和五十六年創業

オーボンヴュータン

Au Bon Vieux Temps

河田勝彦シェフは昭和十九年生まれ。高校卒業後、東京農業大学栄養科に入学するも「分析がしたいわけじゃない」と退学。職業安定所で紹介された「丸の内 精養軒」を経て西洋菓子に転向。「米津凮月堂」で約二年修業し、昭和四十二年、二十二歳で渡仏した。しかしパリ「シダ」に入店して半年後、五月革命が勃発。行き場を失った河田さんは地方を回った。

再びパリに戻ってからは、ショコラティエ「サラバン」、パティスリー「ポンス」、レストラン「ポテル・エ・シャボー」、「ホテル・ジョルジュ・サンク」、ベルギーの「ヴィタメール」に。最後は二十九歳から一年半、「ヒルトンホテル・ド・パリ」のシェフパティシエに就任している。

九年半で計十二軒、あらゆる菓子を学び帰国した河田さんは、昭和五十年、埼玉・浦和に「かわた菓子研究所」を設立。六年後、三十六歳で東京・尾山台に「オーボンヴュータン」開店。「幅広く作れてこそ菓子職人」と考え、ショコラ、コンフィズリー、アイスクリームなどを含むフランス各地の郷土菓子を手がける。

二〇一二年には「現代の名工」に選出。二〇一五年に同じ尾山台で移転し、現在は長男・薫さんがパティシエ、次男・力也さんがシャリュキュティエ（食肉加工技術を持つ職人）として働く。

「オーボンヴュータン」を出た菓子職人は数百人に上るが、やりたいことをまっとうできる者は、ほんのひと握りだと河田さんは言う。「理屈を言うような子は駄目です。男が決めたら絶対に辞めないこと、でなければ、言わないこと」。

5

機能する空白

僕 → 昭和

イタリア／リストランテ＆トラットリア

樋口敬洋

「サローネ トウキョウ」ほか エグゼクティブシェフ

「イーハトーボ」

（喫茶）下北沢

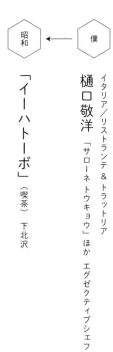

社会に必要な場

この店は、シェフにとってどんな存在ですか?

彼の答は少々意外だった。

「昔から逃げ込める場所。そんな大それたことじゃないけど、でもここが無くなったら困ってしまうんだろうなと思う」

今やサローネグループのエグゼクティブシェフ、樋口敬洋《ひぐちたかひろ》さんが、まだ何者でもなかった時代の話である。大学から六年暮らした下北沢で、もやもやした自分を持て余し、逃避していた喫茶店が「イーハトーボ」だ。

路地の突き当たりにある古びたビル。芝居やライブのチラシが雑然と貼ってある階段を上がった二階。煙草の煙とジャズやワールドミュージックの渦に身を沈め、珈琲を頼み、とりたてて読みたくもない漫画をめくって過ごした日々。

何かが急展開するわけでもない。貪《むさぼ》るようにぼーっとするだけの、なんてことない数時間。だけど貪るだけ貪ったら、「もういっか。行こ」と顔が上を向く。強がれる。強がらなければ、外の世界でやっていけない気がしたのだそうだ。

このエピソードを伝えると、店主の今澤裕《いまさわゆたか》さんはニヤリと笑った。

「ここは世の中の保健室。みんな仮病使って来るんだよ」

そもそもは音楽誌編集業の傍ら、友人らと一緒にレコードショップを開いていた。

今や伝説といわれる「パイド・パイパー・ハウス」。坂本龍一や山下達郎、ピチカート・ファイヴといった、一九七〇年代の才能を抱えたミュージシャンたちが出入りし、東京の音楽を引っ張っていた場所だ。

一方「イーハトーボ」は、自分がレコードを思う存分聴くために開いた店。

極めて個人的な理由だが、しかし社会学を学んでいた彼は同時に、社会における喫茶店の存在意義をも考えた。

「若い頃は社会をとてつもなくでかいものだと思うでしょ。実感が無いから。そんなでかいものの中で何とかやっていくには、親でも友人でもない、距離を持った他人が集まる〝場〟が必要になる」

放っておかれるから、素の自分になって素直に過ごせる。一人じゃないけど心地良い距離があるから、傷を癒せる。

社会の中でぽっかりとあいた空間と時間。喫茶店は、社会に必要な「場」になれる。

「場であり、メディアでもありますよね。語源はメディウム。中間という距離感、媒介するもの。正体の無い、だけど機能する空白です」

昭和五十二年、今澤さんは「イーハトーボ」というメディアをつくった。

さらにその箱の中には、音楽評や書評も手がける彼が選んだＣＤ、レコード、本がある。お客が自由に書き入れられるゲストブック『ＨＥ＋ＭＥ＝２（ヒミツ）』と、自主制作の小冊子も発行している。

メディアの中にいくつものメディアがあるという、マトリョーシカみたいな構造である。

「『ヒミツ』は教会の懺悔室みたいなもの。そこに吐き出して少し楽になる。すぐじゃないけど、そう言えばいつの間にか楽になってたな、くらいの感じでいい」

樋口シェフが感じた「逃げ込める」感覚は、何となくできたものではなく、細部まで考え抜いて作られた空白の場であった。

喫茶店という装置の管理人

現実的に言えば、音楽、本、テーブルに椅子、珈琲、ほかの飲みものや食べものという、いくつもの要素が咬み合って動く喫茶店は、今澤さん曰く「装置」である。店主はその管理人。メンテナンス次第で装置は生き生きと動きもするし、止まりもする。

音楽というパーツでは、「イーハトーボ」は常に新譜を追いかけてきた。でないと世の中と離れてしまうから。それを大きめの音量で流すのは、音が、他者との距離をつくってくれるから。

いつも同じ居心地であるために、連続する時間感覚にひずみをつくらないよう、音楽は絶対に途切れさせない。

珈琲は注文が入ってから豆を挽き、注文ごとに淹れる。ジンジャーエールも生姜をおろした自家製。なるべく、自分たちの手で「作る」をちゃんとやる。

四十年間、元旦しか休まずに、管理人はこのメンテナンスをつづけてきた。

樋口さんは、十五年前に下北沢の街を出た。

それから身一つでシチリアに渡り、銀座でシェフになり、イタリア料理店六店舗を統括するエグゼクティブシェフになっている。一店舗につきっきりでなく、各厨房を司るシェフたちの、さらに上に立つ仕事である。

肩書きは変わっても、今も、この街に来るとあのチラシだらけの階段を上ってしまう。といっても今は、「逃げ込む」より「戻る」感覚に近いそうだ。

「長い間、内装も店主も何もかもが変わらない。ここに来ればすぐあの時代にワープして、あの頃の自分に戻れるから」

何者かになった料理人が、何者でもなかった自分に戻る場所。強がらなければやっていけなかったあの時代に。

そういえば昨年立ち上げた「ロットチェント」はこれまでの高級店でなく、気軽な店。樋口さんは毎日厨房に立ってフライパンを振っている。楽しそうに。

その理由を、今度訊いてみようと思う。

二〇一七年三月号

僕

樋口敬洋

一九七六年生まれ

Takahiro Higuchi

東京・横浜・大阪にイタリアンを展開する、サローネグループ。その全六店舗のシェフの、さらに上に立ち、全体を統括するエグゼクティブシェフである。同グループは二〇一六年九月、気軽なオステリア「ロットチェント」を開店。自らエプロンを締め厨房に立っていたが、現在は、二〇一八年三月に東京ミッドタウン日比谷にオープンした「サローネ トウキョウ」を含め各店を回っている。

樋口さんは大学時代にイタリア料理店でアルバイト。料理よりむしろ「海外で修業する」という経験に興味を持って大学を辞め、イタリアへ渡る。当時は撤退、しかし二〇〇二年にシチリアへリベンジ。海辺の街にある一つ星「バイバイ・ブルース」と、山の中のリストランテ「アル・フォゲール」で計三年修業した。

二〇〇五年、サローネグループの母体が銀座に開店した「リストランテ・シチリアーノ」シェフに就任。二年後の横浜「サローネ2007」など、同グループでの活躍につづいていく。

「イーハトーボ」はメディアだと今澤裕さんは言ったが、樋口さんもまたお店は媒体であると言う。たとえば「サローネ2007」ではクチーナ・クレアティーヴァ（創作的な料理）という言語を使って世の中に問いかけた。

次々に増えたグループ店舗は、現地で修業した若手が「今のイタリア」をそれぞれの言語で表現できる場。それを支援するための受け皿とも言える。樋口さんはいつでもイタリア料理業界を俯瞰して見ようとするし、その将来を思案している。

昭和

イーハトーボ

昭和五十二年創業

Ihatobo

学生の街であり、役者やミュージシャンが集まる下北沢には、独特のカルチャーが育つ。

宮沢賢治が描いた架空の理想郷の名を持つ「イーハトーボ」は、二階からこの街と人々を眺めつづけて四十一年を迎える。店が入っているビルも同い年。八年前に扇風機からクーラーに替えたこと以外、内装はほぼ変わらない。

店主の今澤裕さんは昭和二十四年生まれ。大学の社会学部で観光、人文、文芸など幅広く学び、街や店の関係について考えた。

一方で音楽に傾倒し、バイト先の音楽雑誌編集部にそのまま就職。編集者、ライターとして活動。本文中に登場する「パイド・パイパー・ハウス」は、当時珍しい輸入レコードが並ぶ、音楽家や評論家、編集者の溜まり場。昭和五十年から十四年間営業、レコード時代の終焉とともに平成元年に閉店。しかし二年前にタワーレコード渋谷店内で復活している。

その空気感に、おそらく「イーハトーボ」は少し似ているのではないだろうか？

店主がセレクトするレコードがあり、ジャズを中心としたワールドミュージックの新譜が流れている。新譜でなければ、社会とかけ離れてしまうから、だそうだ。本や小冊子もざくっと並び、文化の溜まり場という匂いがする。

今澤さんは、「イーハトーボ」という装置の管理人。「清潔で、ちょうどよい明るさの場所」（アーネスト・ヘミングウェイ）であるために、掃除をし、湯を沸かし、調えておく仕事である。

6

遺伝子を継ぐ

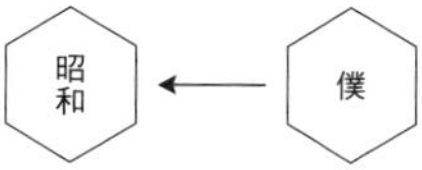

フランス／レストラン
生江史伸
「レフェルヴェソンス」エグゼクティブシェフ

「鳥茂」（焼鳥）新宿

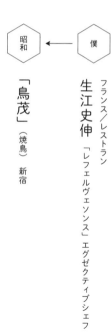

捨てられる部位をおいしく

今、世界のシェフたちにとって無関心では済まされないのがフードロス、食料廃棄の問題である。

このテーマに挑み、二〇一七年四月二十二日、アメリカでプレミア上映されるドキュメンタリー映画『Wasted! The Story of Food Waste』。この撮影に、日本から「レフェルヴェソンス」生江《なまえ》史伸《しのぶ》シェフが協力。出演するアメリカ人シェフ、ダニー・ボーウィン氏を、東京で迎えている。

「牛や豚の捨てられるような部位を食べる、日本の習慣と技術を見たい」と言う彼がリクエストしたのは、新宿「鳥茂《とりしげ》」。三代にわたり六十七年つづく「焼鳥」の店だ。

東京では江戸末期~明治の初め頃から、牛や豚のモツを串に刺して焼く屋台が一部で現れ、いつしかそれらも「焼鳥」と名乗るようになっていた。とは言え、動物の内臓は、一般的にみればまだまだ捨てられる部位。

それが第二次世界大戦直後には、肉が手に入らなくてもモツなら叩き売り。手っ取り早く商売ができる屋台の形で、モツの焼鳥屋が一気に増えた。

「鳥茂」が新宿駅南口にこういった焼鳥屋台を出したのも、終戦四年後のことだ。

戦前、初代はコックだったが、大空襲で焼け野原となった東京には、西洋料理店もなければ自分で店を構える資金もない。

そのとき、リヤカーに積んで売り歩かれていたのがモツだった。臭いはきついし傷みやすいがそれしかない、という食材。しかし料理人の技術があれば、それを何とかおいしく食べさせることができるんじゃないか。

「おじいちゃんがよく言っていたのは、清潔、安全、安心は絶対であること」

三代目の酒巻祐史《さかまきゆうじ》さん曰く、初代は内臓を丁寧に洗い、下処理をした上で巧みに「味」へとつなげていった。

焼鳥に、さまざまな西洋料理の手法を生かしたのである。

バターを塗って焼くレバーは、ビフテキにバターの発想。鶏肉が手に入るようになると、つくねの餡は鶏・牛・豚と内臓の挽き肉に玉葱とニンニクを合わせた。玉葱の甘味でガラリと洋風になる、こちらはハンバーグからのアイデアだ。さらにはこの餡をピーマンに詰めて焼くという、料理のような串も編み出した。

じつを言うと生江さんは、仕事以外で肉や内臓をあまり食べない。だが、「鳥茂」の焼鳥は違った。

「知っている味を遥かに上回る、ネクストレベルの味でした。たとえば、一般にレバーで想像するのは鉄分の強さや味の濃さだと思いますが、『鳥茂』は逆。ピュアでクリーン、なのに旨味がある。それは鮮度の良さと、焼きのテクニックの賜物だと思う」

内臓の苦手な人ほど「しっかり焼いて」と頼みがちだけれど、焼けば焼くほどかえってクセが強く出てしまうのだとか。火入れには頂点があり、三代目は、そのわずかな一点を突いてきた。

アイデンティティはゼロから生まれない

屋台での開業から二年で店舗を構えるほど初代「鳥茂」は繁盛したが、二代目兄弟が相次いで早逝。会社員だった三代目が二十二歳で跡を継ぐことになったものの、来てみれば店は閑散、番頭は座って煙草を吸い、アルバイトは私用電話。

大変なものを背負ってしまった、と思った。

「もしもインターネットが発達した今だったら、叩かれて即、潰れていたと思う。あの時代だから店を立て直すことができたんでしょうね。でもその代わり、お客さんが戻るのにも時間がかかったんです」

一歩ずつ、改革は「挨拶」から始めた。

野球少年だった酒巻さん曰く、何もできないならせめて挨拶だけでも一生懸命に。挨拶は人間関係の始まりであり、根幹。それがわかっている者を、わかっている人は見抜けるし、可愛がってくれる。

事実、二代目時代に離れていった常連客や、抜けてしまったベテランスタッフが「鳥茂」に徐々に戻ってきてくれた。たった二人で再建した店は今、総勢四十人。皆、野球部のような挨拶が気持ちいい。

幸い十代から店を手伝い、初代の焼鳥を食べていた酒巻さんには舌の記憶がある。鮮度がわずかでも落ちたときの匂いの変化など、五感に刻まれた感覚も。

だが絶対音感が備わっていても曲はできない。彼は祖父や父親ほど歳上のお客たちにいい店を教わり、食べ歩いて、感覚や技術を自分自身で磨いていった。

「鳥茂」の味は守りつづける。

しかし、だからといって「守る」とは、コピーという意味では決してない。

「おじいちゃんは僕に、好きにやっていいとだけ言いました。その真意は、自分で勉強するしかないぞってことです」

生江さんは三代目の焼鳥を食べたとき、「遺伝子」を感じたそうだ。

コックという希望は叶わなかったが、初代はレストランのホスピタリティや礼儀、清潔感とクオリティの高さを「鳥茂」に込めた。その遺伝子を継いだ三代目が、平成に花を咲かせている。

じつは生江さんも同じだ。

彼の師匠、長年ミシュラン三つ星を維持してきた「ミシェル・ブラス」（現「ブラス」）シェフ、ミシェル・ブラス氏もまた、地元南仏・ラギオールの野草など、当時のフランス料理界では見向きもされなかった食材を大事にしてきた。偉大なシェフから学んだすべてが自分の血肉となっているし、その遺伝子を継ぐ人間だと自任している。

「今、料理にはアイデンティティが必要だといわれるけど、それはゼロから生まれるものじゃない」

周りの人々からいただき、つぼみをつけて花になる。そのとき、与えてくれた先人の思いも咲くことができるのだ。

二〇一七年五月号

僕

一九七三年生まれ

生江史伸

Shinobu Namae

生江さんが望むものは、これまで取材した料理人と違っていた。料理で認められたいとか、自分の表現がどうとかじゃない。「人のためになりたい」だ。慶応大学法学部で政治学を学んだ彼は、第三世界の政治に関心を持ち、ジャーナリストを目指した。だが二十歳から実家を出て自活していたから、昼は学校、バンドの音楽活動もしつつ、朝五時まで営業のイタリアンで調理のアルバイト。自分が作った料理を喜んでくれる人がいる、という事実を目の当たりにして、そこに自分の喜びもまたあると感じた。

結果が何年も先に出るのでなく、料理は「今」人を幸せにできる。卒業後はイタリア料理店「アクアパッツァ」で主にサービスを担当。二〇〇三年、オープンしたばかりの北海道・洞爺「ミシェル・ブラス トーヤ ジャポン」へ。南仏の本店でも研修し、帰国後スーシェフ（副料理長）に就任。

二〇〇八年からはイギリス・ロンドン近郊の「ザ・ファットダック」スーシェフを務める。二〇一〇年、東京・表参道「レフェルヴェソンス」開店と同時にシェフに就任。

新宿「鳥茂」は、フードロスをテーマとする映画の製作サポートを機に知った。

「地球の上にのっかってる人間として、自然や地球に迷惑をかけないよう」、しなやかに動く料理人の店は、二〇一八年、イギリスのウィリアム・リード・メディア・グループ主催による「アジアのベストレストラン50」において二十位と同時に、第一回アジアのサステナブル・レストラン賞を受賞している。

昭和

昭和二十四年創業

鳥茂

Torishige

戦前、洋食のコックをしていた初代が復員後、吉田茂首相時代に開業した屋台から始まった。時の首相から一字をもらって「鳥茂」。焼き方は目黒の焼鳥屋に少し通っただけで覚えたらしい。初代は「戦争に行ったら死んでしまうけど、働いて死ぬことは無い」と言って、お盆と正月以外休まず屋台を出し、二年後の昭和二十六年には同じ新宿南口に店を構えている。

今、立派なビルとなった「鳥茂」は、一、二階合わせて約八十席の大箱が毎晩お客でぎっしり埋まる。スタッフは約四十名の大所帯となったが、開店前、床をモップで拭いた後さらに手拭きする徹底した清潔観念は昭和の時代から変わらない。

「表側なら誰でも気がつく、裏側こそ綺麗に」と語るのは三代目の坂巻祐史さん。昭和四十八年生まれの彼は、二十二歳のときに店を継いだ。

初代がビフテキから発想した、刷毛で薄くバターを塗るレバーは「鳥茂」の名刺代わり。日本酒が鉄瓶に入って現れるのは、日本酒が規制されていた戦後、やかんに入れて出していたスタイル。酒巻さんが昔の仕事や慣習を引き継ぎ、創業時の暖簾や写真、初代の言葉を店のあちこちに飾っているのは、何十年と通ってくれる古いお客は「思い出を食べに来るから」だそうだ。

ただし、サーロインステーキなど三代目になってからの新しい串や料理もじつは増えている。変えないものを守りながら、一方で変わりつづけること。勉強をつづけること。自分の仕事に飽きちゃ駄目だと、酒巻さんは言った。

7

革新とクリエイション

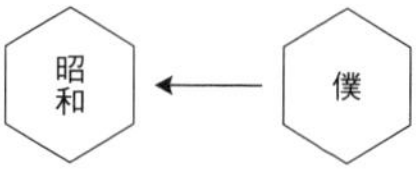

フランス／レストラン

川手寛康

「フロリレージュ」オーナーシェフ

「スリジェ」

（フランス菓子）調布

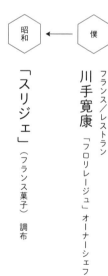

調布にフランスがあった

あの頃、「スリジェ」を知れば、フランスを知ることができた。「フロリレージュ」川手寛康《かわてひろやす》シェフは、十代の自分を振り返って言う。

父の背中を見て料理人に憧れ、フランスに憧れた頃。でも肝心の〝フランス料理〟を食べたことがない！　と高校生で初めて行った、地元調布のフランス料理店。

それが「スリジェ」。もともとは一階が洋菓子店、地階がレストランだった。

「それからアルバイトをしては料理を食べに行き、洋菓子店にも行くようになって、月一回は通っていました」

「スリジェ」は昭和四十九年から、調布でフランスをやっている。

お菓子は兄の原光雄《はらみつお》さん、料理は弟の英昭《ひであき》さん。ともに、まだ一ドル三六〇円の固定相場制だった時代にフランスへ渡り、学んできた兄弟の店だ。

開店八年後、レストランは英昭さんに代わって銀座「マキシム・ド・パリ」出身の豊嶋正《とよしまただし》さんがシェフに就任。「レストラン スリジェ」を引き継いで二〇〇八年に独立、移転した。だけど洋菓子店の「スリジェ」はずっとここにあり、二〇一六年夏、原さんはコックコートを着ている。

現場のシェフには常に若手を据え、日本を代表するパティシエも育ててきた。原さん自身、世界最高峰のパティシエコンクール『クープ・デュ・モンド』の特別審査委員長も務め、旭日《きょくじつ》小綬章《しょうじゅしょう》まで受章している人である。

都心でなく調布に店を出したのは、この場所に家があったから。そして生涯一店舗なのは、自分のお菓子を、買う人に直接手渡したいから。店舗が増えれば多くの手を介することになり、それが単純に「性に合わない」のだそうだ。

昭和八年生まれ。もともとは和菓子の職人だった。

洋菓子に転向したのは昭和三十六年。世の中が上向きになって西洋文化にもすっかり慣れ、冷蔵庫が普及した頃。

ケーキの時代はすぐそこに来ていた。

「洋菓子店に勤めていた友人のところに行くと、これは自分に向いているなぁと」

職人仲間と比べても、手先が器用だったのだ。和菓子で培った技術を洋菓子に生かせるんじゃないか、とも考えた。

横浜を皮切りに数軒の洋菓子店で働き、三十三歳、昭和四十一年に初めてフランスへ。以来数ヵ月単位で渡仏し、延べ五年ほど現地で洋菓子を学んだ。

「フランスは、そりゃあショックでしたよ。それまで日本で見ていた洋菓子とあまりにも違っていた。まず、材料が違いますから」

当時の日本は、洋菓子にみかんやパイナップルの缶詰が使われていたのである。

帰国後、三十八歳で調布に「スリジェ」を開店すると、原さんはそれらを一切使わず、国産のフレッシュなメロンと苺で作ることにした。

フランスで感動した味。その一つにレアチーズケーキがある。

それまで日本のチーズケーキといえば焼いたタイプで、しかもチーズが貴重品ゆえ、半分以上がスポンジのものも珍しくなかった。だがフランスはチーズの国。彼らが誇りを持っている伝統食材なのだから、そこはきちんと伝えたい。

という思いから生まれたのが、レアチーズケーキの「ガトーブリ」。レモンの皮をおろす道具も無く、日本のおろし金では目が粗過ぎて皮の内側にある白い部分まで削れてしまうから、角砂糖の角でそっと削った。香りの染みたその角砂糖もまた生かして、レモン風味のクリームを作ったそうだ。

敬意をもって、真似をしない

料理人という人たちは不思議だ。

原さんと「スリジェ」の歴史を、川手さんは知らなかったはずなのに、彼はケーキの一個一個にこう感じていた。

「長い時間、フランスに敬意を持ちつづけていらっしゃる。その在り方が、僕の中で大きな車輪になっています」

それは結局、フランス料理とは何なのか、という命題に突き当たる。

現地のフランス料理も刻々と変わりゆく今、その定義を、食材や技法といった要素で語るのは「穴ぼこだらけの理論」だと川手さんは思っている。

では、〝何〟で語るか。

「脈々とつづくフランスの歴史や誇り高い農業、それらをさらに昇華させる偉大なシェフ。これらすべてに対する敬意です」

そこをしっかり握っているか、否か。

原さんが、日本人だからできるフランス菓子を求め、作り、認められてきたのは、たぶんそこを握っているからだ。型を使わず手仕事で作るフォルムやクリームで緻密に描くデコレーションは、箸を操る細やかな手先と、和菓子に通じる美意識があればこそ。日本独特の淡い色彩や季節感、節句の飾りも喜んで採り入れる。

今、原さんのケーキと、若手シェフのケーキは同じ棚に並び合っている。「スリジェ」のショーケースは、その時代、時代に生まれたクリエイションの縮図である。

八十三歳の原さんは言う。

「フランスは訪れるたびにお菓子が変わり、新しい感動を与えてくれる国。ある種の伝統を守りながら、一方では常に革新を繰り返す、その姿勢に感動するんです」

三十八歳の川手さんは言う。

「僕のフィルターを通して、新しい価値観を創り出していきたい。日本では稀少が価値になるけれど、海外ではクリエイトすることが価値になる。価値を生む、創り出せるレストランをつくりたい」

二人の言葉はとても似ている。

つまりはフランスに憧れ、フランスを尊敬しているからこそ、フランスの真似はしない。そういうことだ。

二〇一六年八月号

僕

一九七八年生まれ

川手寛康 Hiroyasu Kawate

父は洋食のコック、二人の叔父も中華料理店と鮨屋を商う料理人一家。気づいたら自分もフランス料理人に憧れていた。調理科のある高校を卒業後、恵比寿「Q.E.D.CLUB」に入社。大《おお》原正彦《はらまさひこ》シェフの独立に伴って「オオハラ エ シーアイイー」へ。西麻布「ル・ブルギニオン」では菊地《きくち》美升《よしなる》シェフに師事し、両店でスーシェフを務めている。

二十八歳で渡仏。モンペリエの二つ星「ジャルダン・デ・サンス」で一年間、魚料理を担当。半年間ヒッチハイクの旅をして帰国。「今の東京で、フランス料理には何が求められるのか」と自身に問い、当時白金台にオープンしてまだ八ヵ月だった「カンテサンス」に入店、スーシェフとして四つ歳上の岸田周三《きしだしゅうぞう》シェフを支え、同店は翌年に三つ星を獲得している。

二〇〇九年、南青山に「フロリレージュ」を開店すると、六年後の二〇一五年には外苑前に移転。舞台は整った。地下へと潜り込み、フロアへ抜けると、厨房をぐるりと囲む大きなカウンターが視界に飛び込む。コンテンポラリーなデザインだが、コの字のそれは紛れもない日本独特のアイテム。空間も料理もお酒もボーダレスに、だが確たるメッセージを持つ。

彼のレストランに世界中からお客がやって来るのは、今、ここでしか味わえない体験があるからだ。二〇一八年、「アジアのベストレストラン50」において、「フロリレージュ」は第三位にジャンプアップ、『ミシュランガイド東京2018』では二つ星。川手さんは東京の顔になった。

昭和

昭和四十九年創業

スリジェ Cerisier ※閉店

創業者の原光雄さんは昭和八年、大磯で漁業を営む家に生まれたが、戦後は神田にある親戚の和菓子店で職人となる。ケーキ職人である友人の店で未知の菓子に心が躍り、手先も器用だったことから洋菓子へ転向。

昭和四十一年に早くもフランスへ渡り、延べ五年ほどフランス菓子を学んだ変わり種だ。帰国後、やはりフランスで料理の修業をした弟の英昭さんと調布に開いたのが「スリジェ」である。当時はレストランとして始まった。昭和五十七年に豊嶋正さんが二代目シェフとなり、二十六年務めた後に独立。これを機にティーサロン併設のパティスリーとなる。

原さんのお菓子は型を使わず成形したり、緻密な装飾を施したりと、今では誰もやりたがらない手の仕事。そうした技術が若手を育て、現在「キャトル」の東《あずま》健司《けんじ》さん、「アステリスク」の和泉光一《いずみこういち》さんなど、日本を代表するパティシエを輩出してきた。

調布という、東京でも郊外の街にある小さな店の顔をしているが、じつはフランス菓子業界では知らない人のいないパティスリーだ。

原さんは日本洋菓子協会連合会会長。最も権威あるパティシエの世界コンクール『クープ・デュ・モンド』の二〇一一年大会では特別審査委員長。二〇一五年春の叙勲では旭日小綬章を受章した菓子職人である。

取材時は「私の体力が尽きたら店を閉じます」と話されていたが、二〇一七年三月に「スリジェ」は役目を終え、四十三年の歴史を閉じた。

8

文化を、引っ掻き回す

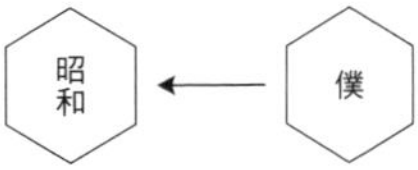

フランス／レストラン
石井真介「シンシア」オーナーシェフ

「一幸庵」（和菓子）茗荷谷

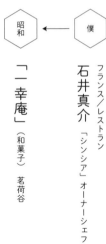

職人は色気

昨年の、ちょうど今頃だ。石井真介《いしいしんすけ》シェフはお菓子調進所「一幸庵《いっこうあん》」の厨房で、料理人仲間たちと「わらびもち」作りを見せてもらったことがある。

これは闘いだ、と思った。

直火にかけた銅鍋の縁を親指一本で押さえ、もはや鍋底の形にすり減った木べらで練る、というよりねじ伏せる気迫。当主・水上力《みずかみちから》さんの太い腕は変則的なリズムをメトロノームのごとく狂いなく刻み、本わらび粉と水は、闘いの末にようやくとろりと艶やかな素性を現す。

役目を終えた鍋には一滴も残っていない。磨いたように、ここまで見事に使い切れるのかと目を疑った。

二〇一六年にフランス料理店「シンシア」を開店した石井さんは、三國清三《みくにきよみ》氏、田代和久《たしろかずひさ》氏ら偉大な料理人の厨房で育った人である。厳しく教わった彼だって、もちろん鍋には材料を残さない。

「でも水上さんはその上を行くんです」

誤差も許さぬ闘いを、水上さんは毎日つづけている。機械を選ばず自分の身体能力で勝負する、その理由は二つあった。

「機械じゃ面白くも何ともない」と、「感動するほどの味は便利じゃ作れない」だ。

「結局はうまいか不味《まず》いか。いかに困難でもうまければよし。逆に、そうでなければ自己満足、そこに意味は無い」

だって職人だから。結果を出す困難にこそ、面白さと意味がある。二つの理由は、じつは一つにつながっている。

多忙ななか、水上さんが外の料理人やパティシエに仕事を見せるのは、危機感があるからだ。今、和菓子を志す若者は絶滅危惧種であり、かつて日本の日常だった和菓子はケーキに取って代わられ、非日常になってしまった。日本人の多くが、もはや家でクッキーは焼いても小豆は炊かない。家庭から消えるということは、曰く、文化としてかなり衰退している状態である。

「菓子文化を消さないためには、伝統を守るばかりでなく、攻める。掻き回されないと沈殿してヘドロになるけど、引っ掻き回す人がいれば、酸素が供給されて活性化されるでしょう」

水上さんは和菓子職人の息子に生まれ、小さい頃から父の仕事を見てきた。しかし十代のときは公認会計士を目指し、この道に入ったのは大学卒業後。京都、名古屋の和菓子店で働き、二十九歳で店を構えた。

修業期間はわずか五年。本人に言わせれば、この短さは「無茶苦茶」だそうだが、代わりにユニークな和菓子観が築かれた。

洋菓子と和菓子の違い、それは狩猟民族と農耕民族の違いでもあるという。獲物が捕れたら満腹にしておく必要がある人々と、農作物が育つサイクルに従い腹八分目で抑える人々。前者は常に前へ出ないと自分が消され、後者はそれを美徳としない。

お菓子に置き換えれば、洋菓子は材料がそれぞれ主張した上での調和を目指す。一方和菓子は、自己の主張より、お茶をどう生かすか？　と考える。

「日本のお菓子は、お茶が主人。だから主人が一番輝いたときには、お菓子は口の中から消え去っている。『武士道と云《い》ふは死ぬ事と見付けたり』に通じる精神、和菓子は侍《さむらい》です」

和菓子の未来図を思い描いたとき、真逆の洋菓子とお互いに妥協なく、影響し合いながら進化する道が見えた。その道を歩いてどこかで結びつけば、それが日本の新しい菓子になるのではないか。かつてカステラや金平糖《こんぺいとう》がそうだったように。

以前、水上さんの「花びらもち」を食べたフランスのショコラティエが、その柔らかさをこう表現した。

「彼女の耳たぶのようだ」

赤ちゃんのでなく、彼女の、である。国やお菓子の種類、考え方は違っても職人同士、通じ合うものを感じた。

「職人の仕事で、一番大事なのは何だと思う？　色気ですよ。これは職人すべてに通じます」

たとえば大工でも、材木をカンナで人肌のなめらかさに仕上げるような。色気とは、極めて人間的な感覚である。

『万葉集』の国の表現

もう一つ、石井シェフが心打たれたのは、生菓子に添えられているこの言葉だ。

『作るものから言えば　お菓子は　すぐに口にして　ほしいのです　〝すぐに〟……が無理ならば　せめてその日のうちに』

「必ずそうしてくださいとは言わず、〝せめて〟。育てた我が子を送り出すような気持ちは、料理人も一緒なんです」

それは、水上さんが修業時代に読んだ『四季の菓子』（岡部伊都子《おかべいつこ》著／読売新聞社）の一節を、了承を得て使っているものだった。

日本人には日本人の表現がある。

そう語る根拠は『万葉集』にある。水上さんの言葉で言えば、かの時代、宮中の人々は三六五日がバレンタインデーでホワイトデー。心惹かれる人に歌を贈り、返歌を待った。

そういう国のお菓子である。

なのに、今は色とりどりの心の機微がハートマーク一個で済まされる。

「和菓子って何でもできる。嬉しい、悲しいの気持ちも表現できるんです。ハートに和の文化を売り払うことは、自分としては許しがたいこと」

願わくば、生まれ変わっても「菓子屋」になりたい、と七十歳の和菓子職人は言った。

なぜなら、和菓子の未来を見たいから。洋と和の妥協なき融合、日本人の表現による新しい和菓子。それがどう理解されるのかを確かめたい。本音を言えば、それを為《な》すのは自分でありたいのだ。

「次の世代にどう伝えていくかは、今の時代に生きる職人の大きな使命です」

水上さんは取材中も手を動かしつづけ、一瞬も止まらない。全力で闘い切り、きっとこの人生で為そうとしている。

二〇一八年六月号

僕

石井真介

一九七六年生まれ

Shinsuke Ishii

「合理的じゃなくても大切なもの、それをどれだけ引き継ぐか」。石井さんは、修業時代を振り返ってそう思う。最初の就職先、四谷「オテル・ドゥ・ミクニ」の三國清三シェフは、絶対的なヒーローであり憧れだった。厨房の中心でコックたちをグイグイ引っ張りながら、いつも顔を真っ赤にしながら肉を焼いていた人。新米の石井さんは三年働いても自分の仕事をこなすだけで精一杯、正直、料理を作れるまでに至らなかった。しかしこの三年が、それから先の長い料理人人生を耐えられる、精神と肉体をつくってくれた。二軒目の渋谷「ラ・ブランシュ」では一年間、料理とは「その人に作る一皿」であることを田代和久シェフから学んだ。料理人としての仕事の意味や喜びという原点はここにある。

二十三歳から三年レストランのシェフを務め、フランスへ。アキテーヌ「ロジェ・ド・ローベルガード」、アルザス「ル・クロコディール」など地方の星つきを中心に一年半修業した。二〇〇四年、二十八歳から汐留「フィッシュバンク東京」スーシェフを二年、三十二歳で松濤「バカール」開店と同時にシェフに就任。人気店に押し上げ、閉店まで約六年半を務めた。

二〇一六年四月、自身の店「シンシア」開店。客席からは、フルオープンのキッチンで、コックたちのきびきびと働いている姿が見える。そのなかで、先頭切って誰よりも動いているのが石井シェフだ。今度は彼自身が憧れの存在になる番。若い料理人に自分たちの未来を示し、料理で生きていくことの喜びを見せようとしている。

昭和

一幸庵

昭和五十二年創業

Ikkoan

縁もゆかりも無かった東京・茗荷谷の街で、今年三月で四十一周年を迎えた「一幸庵」。店主の水上力さんは昭和二十三年生まれ。江戸菓子職人の父が営む「一幸庵」は長男が継ぎ、四男の水上さんは二十三歳で関西へ修業に出た。曰く、江戸菓子は江戸の侍の文化、京菓子は公家の文化。江戸の具象表現「うつし」に対し、京都は抽象表現「見立て」。当時の水上さんは京菓子に憧れ、江戸菓子の魅力に気づいたときには父が引退、兄も高齢で本家「一幸庵」は閉店。水上さんは独学で江戸菓子を学んだ。

水上さんの代名詞ともいえるわらびもちは、わらびの地下茎から三〜四%しか採れない本わらび粉一〇〇%を練り上げ、極限までなめらかなこしあんを包む。わらびもちは十月〜十二月三十日・二月中旬〜六月末。時候を映す和菓子は、一年で一日だけのお菓子もあるほどラインナップがくるくる変わる。たとえば桜のお菓子は、開花から三分、五分、八分、満開、花吹雪と移り行く。

その仕事を、水上さんは同業者にも惜しまず見せるが、世界にも見せる。フランスの「ヴァローナ」「サダハル・アオキ」といったチョコレートブランドやパティスリーとのコラボレーション、世界のトップパティシエからなる「ルレ・デセール」でのデモンストレーション。海外に和菓子文化を教え伝える、それが日本の和菓子を絶やさないことにつながると考える。ちなみに「一幸庵」の存続より、弟子が育って、それぞれに自分のお菓子を作ってくれればそれでいい。

9

お互いさま

僕 → 昭和

フランス／ビストロ
須藤亮祐
「ビストロ コティディアン」オーナーシェフ

「その」（お好み焼・もんじゃ・鉄板焼）麻布十番

こんなにも寛《くつろ》げる店ってほかにない

ここは本当に、あの麻布十番だろうか？

店先に黒いランドセルが置いてある。小さな店の中では肩を寄せ合うお客らが、テレビの漫才にゲラゲラ笑ってレモンサワー。その横でランドセルの持ち主が、宿題に頭を悩ませている。お好み焼・もんじゃ・鉄板焼「その」の光景は、窓の外から眺めても温かい。だからこそ常連の輪に入れるか心配で、須藤亮祐《すどうりようすけ》シェフは「ビストロ コティディアン」を開店してから三年も、ドアを開けるのを躊躇《ちゆうちよ》していたそうだ。

「夜遅くなるほど賑わっていて、楽しそうだなぁとずっと気になりながら」

料理人仲間が常連と聞いて初めて連れて行ってもらったら、なんとお客は同業者だらけ。フランス料理に日本料理、さまざまな料理人たちが夜半からぞろぞろ集まり始める。

「その」の店内ははっきり言って、彼らの店のように洒落てもなければ小綺麗でもないが、そこにいる誰もが感じているのだ。

こんなにも寛げる店ってほかにない、と。

「僕らの仕事が終わるのは深夜です。疲れて一杯飲みたいときの居心地は、すごく大事。お店という空間は、気軽な居酒屋でも焼肉店でも何かしらの緊張感はあるものですが、『その』は一度入ってしまえば、限りなく自宅に近いくらい緊張しない」

須藤さんも常連たちも口々に語るのは、店主・上野《うえの》紀子《のりこ》さんの人柄だ。分け隔てなく、いつもニコニコして人を緊張させない、やわらかなホスピタリティ。そんなお母さん的な包容力を持ちながら、少女のように初々しい。

「母は、私とは正反対でしたが（笑）」

紀子さんの母・節子さんはギャンブル好きで煙草好き。だけど行儀に厳しく、曲がったことが大嫌い。情が深くてファンキーな昭和の女だったという。

料理を作るのも食べるのも好きな節子さんに、店を持たせてくれたのは彼女の母、つまり紀子さんの祖母だ。人が集う場所になるよう、「園」という意味で「その」。

開店は昭和五十二年だが、当初は人に任せ、店名も別だった。母娘で切り盛りする「その」になったのは二十一年前。紀子さんが十七歳のときである。

紀子さんは当時店を手伝いながら学校に通い、卒業後は幼稚園に勤めたものの、節子さんが体調を崩して一年で「その」へ戻って来た。

「私は麻布十番で育って、この店から離れられません。だからこそ、よその土地から来た人にはよくしてあげたい」

母からの教え

かつて花街《かがい》があり、お忍びのメッカだったこの街も、地下鉄の駅が現れてから激変した。人が流入し、新しいビルが建ち。それでも、麻布十番商店街の人々の結びつきは相変わらず強い。

二〇一七年八月、節子さんが亡くなったのは、地元のお祭当日だった。「その」も出店が決まっていたため「穴をあけられない」と気丈にがんばる紀子さんを、商店街の人々が代わる代わる助けてくれた。同級生や先輩後輩、お客たちも。

みんなが家族。紀子さんは「その」でつながる人との関係をそう呼ぶ。

助けてくれる人の数は、しかし、彼女によって救われている人の数でもある。大げさに聞こえるかもしれないが、「救われる」とは大抵がささやかな瞬間だ。

須藤さんは言う。

「（自分の）店が終わって、電話で〝今からスタッフと四人で行きます〟と言うと、彼女は〝すぐ食べられるようにしておきましょうか〟とひと声かけてくれるんです」

お好み焼きは時間がかかるから、着いてすぐ食べられるのはもちろん嬉しい。しかしそれ以上に、「終電で帰る人も、時間まで食べきれるように」という心遣いが嬉しいのだ。そういう嬉しさに、人は救われる。

昭和の時代に生きていた「お互いさま」の精神が、麻布十番では現役だ。

たとえば須藤さんが「その」へ行けば、紀子さんは「ビストロ コティディアン」にランチを食べに行く。感謝を忘れないように。自分の勉強のために。母からの教えを、彼女は実直に行っている。

祖母から贈られ、母から引き継いだ「その」。娘と息子を育てながら、〝家族〟に育ててもらいながら、紀子さんは毎日、誰かのために走り回る。

「結婚したとか彼女ができたとか、店を出すとか、そういう〝報告〟をお客さんから聞くことが、最高の幸せです」

節子さんの他界を機に、朝まで営業していた「その」は三時閉店に変えた。日曜は二十四時閉店。それでも深夜族には十分ありがたいのだが、紀子さんはどこか申し訳なさそうで、お会計を急ぐ常連についつい「時間は気にしなくていいですよ」と言ってしまう。

　申し訳ないといえば、彼女が料理を作る相手は錚々《そうそう》たる料理人たちである。「フランス料理の人はなぜか〝あつあげ焼き〟が好きみたい」と紀子さんは笑い、もれなく、須藤さんも大好物だ。

「僕は毎回、必ず食べます。こう言っちゃ何だけど、特別な厚揚げでもないんですよ。カリッと焼いて、醤油と生姜のシンプルな構成。それが、ちょうどいいおいしさなんです」

　節子さん時代の人気は煮物、紀子さんになってからは「あつあげ焼き」。料理のプロたちがなぜ、「その」の味にほっとするのか。

　大した料理ではないから申し訳なくて、と言う紀子さんはこうつづけた。

「だからせめて、魔法の言葉を必ずかけています。おいしくなーれ！　って」

　これだ、きっとこれ。何でだかわからないけどよく効く、お母さんの魔法だ。

二〇一八年一月号

僕

一九七六年生まれ

須藤亮祐　Ryosuke Sudo

この十年、フランス料理は急速に革新の方向へと舵を切った。けれど郷土や伝統に根ざした料理の価値は普遍だと、須藤さんは考える。なぜなら「昔からある料理は、おいしいから食べ継がれている」からだ。

「日常の」という意味を持つ「ビストロ コティディアン」で作りつづける彼の普遍。たとえば南西部のカスレや、アルザスのシュークルートといった郷土料理だが、それらを単に素朴とか骨太という言葉で片づけてしまってはちょっと違う。須藤さんのそれらはもっと端正であり、繊細なのだ。

調理師専門学校を卒業後、横浜のレストランで三年修業して、二十二歳でフランスへ渡った。五年間で五軒の修業先は、パリの二つ星「ミッシェル・ロスタン」、名匠アラン・サンドランス氏率いる三つ星（当時）「ルカ・キャルトン」などのガストロノミー。けれど休日に足が向くのは地元のビストロやブラッセリー、友人の家庭で食べる日常の味だった。

帰国後は、二十七歳で目黒「キャスクルート」のシェフに就任。その後、丸の内「ブラッスリーオザミ」「オザミトーキョー」等を経て、三十一歳で恵比寿「ル・ビストロ」シェフに就任。

三十四歳のときに麻布十番で独立、「ビストロ コティディアン」を構えた。商店街の二階にある小さな店だがテーブルには白いクロスが引かれ、ビストロだが料理にはレストランの仕事が施されている。素朴や骨太に甘えない郷土料理である。

昭和

昭和五十二年創業

その　Sono

名物お母さんだった初代・上野節子さんは昭和二十一年、栃木県の商店の家に生まれた。節分に生まれたから節子、七人きょうだいの下から二番目。上京して証券会社に就職するも、眼の持病が原因で退社。ホステスの仕事の傍ら、料理上手を見込まれて居酒屋を手伝っていた。

だったら自分の店を持ったら？　と心配した母が支援して、麻布十番の物件を購入。ただ女手一つでいきなり独立開業とはいかず、昭和五十二年、節子さんはまずオーナーとなった。その二年後には、娘の紀子さんが生まれている。

平成八年、節子さん自身が店に立ち、晴れて「その」を開店。十七歳だった紀子さんも高校から帰ると手伝った。紀子さんには幼稚園の先生になるという夢があり、そのとおり、卒業後は幼稚園に就職。しかし彼女が高校生のときに見つかっていた節子さんのガンが再発し、看病も家業の手伝いも必要になって、一人娘は店に戻らざるを得なかった。夢が叶ったのは、たった一年だった。

「私はこの店から離れられない」という彼女の言葉は、しかし諦めではなく、覚悟だ。

じつは若い頃、実家と店から離れた一時期がある。「その」が存続の危機に陥ったとき、母のためというより「『その』をやめないで」というお客の声で、紀子さんは自分で戻ることを決めた。講習会で学び、母やお客に教えてもらって「その」の焼き方や料理を覚える強さ、何があってもニコニコと人を迎える健気さは、百戦錬磨の飲食業界人にもファンが多い。

10

昭和を守る外国人

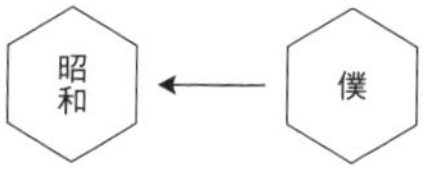

フランス／フレンチ居酒屋

仲田高広　「ボルト」オーナーシェフ

「支那そば屋 こうや」（支那そば）四谷

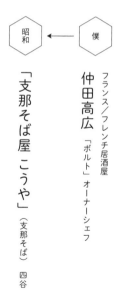

ここでしか食べられない

「海外そのまま」を日本に伝える時代を経て、そろそろ「海外の食文化を日本的な形で逆発信」してもいいんじゃないか。そう考えた「ボルト」仲田《なかた》高広《たかひろ》シェフは、フランス料理を、日本が誇る居酒屋文化の形で放つ料理人だ。

人とは違う何かを求め、人とは違う視点で学ぶ彼の目は、昭和からつづく店にも向けられてきた。そこには、新しい店には真似のできない、長年にわたって正しく引き継がれてきた仕事がある。

その彼のアンテナに響いた一軒が「支那《しな》そば屋 こうや」である。

数年前の土曜の昼下がり、自宅近くの四谷を歩いてふと目に留まった店。外から覗けば、お客が麺をすすり小皿をつまみ、卓上にはビール瓶が並んでいるいい光景。思わず店内に吸い込まれると、量も多いが、それ以上にうまくて驚いた。ちょっとした一品料理もあり、夜のメにも、休日の昼飲みにもちょうどいい。

「看板料理の雲呑麺《ワンタンメン》もおいしいけど、僕が好きなのは湯麺《タンメン》。茹で置いた野菜をのっけるだけの店も多いなか、ここのは野菜をシャキッと炒めてある。味も食感もほかとは全然違います」

事実、「支那そば屋 こうや」では一人前三〇〇グラムもの(!)もやしをはじめ野菜五種類にキクラゲを、注文ごと、強い火力で一気に炒めている。店で使う一日分の野菜は大量だが、すべて手切り。雲呑でも料理でも冷凍保存は一切しない。

「その日使う分だけ」「自分たちの手で」「作り置き無し」というルールは、昭和五十八年の開店以来変わらない。

前身は、昭和三十六年、初代・原澤宏也《はらさわこうや》さんがチャルメラを鳴らしながら引き歩いた夜鳴きそばの屋台である。その味が評判となって店を構え、台湾、タイ、香港、中国などアジアを食べ歩いて見つけた料理がメニューに加わった。

同時に飲食業で働いていた弟の原澤哲人《てつと》さんが参加し、翌年から妹の森山美理子《もりやまみりこ》さん、料理長の川口尚登《かわぐちなおと》さんが入店。

六年前、ビルの取り壊しによる移転を機に、初代はすぐ近くで娘さんとお店を開くことになったが、跡を引き継ぐ哲人さんと料理長はこう約束した。

「初代の味とやり方、量を守ること」

誰もがお腹をさするほどの「量を守る」のは、昭和の高度経済成長期から「がんばる人にお腹いっぱい食べさせたい」と願った初代の志があるからだ。

変えないものは変えない。しかし二代目の努力で始まったメニューもある。

たとえば、仲田さんが酒のつまみによく頼む、切り干し大根の玉子焼き。干した根菜の土っぽい香り、黒胡麻油の燻香に「ビールや紹興酒《しょうこうしゅ》が抜群に合う」。

また、食べるたびに不思議なのはポテトサラダだ。大きな円錐《えんすい》の形もさることながら、冷製かと思いきや温かい。

その謎を料理長に訊ねると、「作りたてだからね」とあっさり解明された。

「セロリの茎と葉、葱、玉葱、温かいジャガイモと茹で玉子。それらを注文が入ってからマヨネーズで和えるので」

冷たいポテサラだったらどこでも食べられる、と二代目が考案したものだ。逆に言えば、ここでしか食べられないものでなければならぬ、という発想である。

味が「同じ過ぎない」のがいい

今、そうした「支那そば屋 こうや」の心と味を守るスタッフは、意外にも国際色豊かだ。これまで中国、韓国、ネパール、ミャンマー、ベトナムなどアジアの留学生たちが代々働いてきた。

じつは仲田さんにも、オーストラリアで働いた経験がある。海外では当然、自分もまた「外国人」だった。

「外国人に対して、仕事ちゃんとできるのかな？ と思う人もいるだろうけど、まったくそんな心配はないです。厨房の若い男の子なんてすこぶる手際が良くて、見ているだけで気持ちがいい」

外国人スタッフのほとんどが、この店で初めて包丁を握る。それでシェフを唸らせるまで伸びる彼らの努力もすばらしいが、世代や文化や言葉の壁を抱えつつ、人を育てる料理長の包容力は想像を絶する。

とご本人に伝えると、「これだけは守るという範囲を決めて、あとは小うるさく言わないことだね」と返ってきた。

その「これだけは守るという範囲」の肝心要《かなめ》に、仲田さんは、おそらくスープがあると考えていた。弱火にかけた寸胴鍋で丁寧に出汁を引く様を、いつもカウンターから眺めていたのだ。

「味のベースがしっかりしているから、誰が作っても一定以上になるのかなと思います。それでいてチェーン店みたいに均一的な味じゃない。一定以上だけど作る人によって違うという、味が〝同じ過ぎない〟のがいいんです。振れ幅にこそ個人の味、個性が出るから」

ホールの女性たちは、熱いスープがなみなみと入った大きな丼を慎重にテーブルへ運び、言葉はカタコトでも一生懸命が伝わってくる。

みんな語学を学びながら働き、祖国の家族へ送金している若者たちだ。勉強の機会や仕事を得るありがたさを知り、努めようとする姿は、昭和の日本人にも重なって見える。

彼らへ、森山さんはささやかな三時のおやつとコーヒーを欠かさない。なんと彼女のポケットマネーだそうだが、にもかかわらず、何十年もつづけている日課である。

お母さんなのだ。まかないでも「もっとチャーシューのっけたら?」「野菜も食べてね」と、ついついひと言出てしまう。

「うちに来てくれた子は大事にする。それは、うちに来てくれるお客さんを大事にすることにもつながります」

彼女らがコップの水をさっと足してくれるのは、森山さんがそうしているからだろう。

スタッフがファミリーなら、お客もファミリー。愛情は連鎖する。

二〇一七年十二月号

僕

一九八一年生まれ

仲田高広

Takahiro Nakata

おいしい店なら大先輩がとっくにやっていて、おいしくて気軽は誰もが目指すこと。仲田さんが独立したのは、そんな二〇一七年の東京だ。だからこそ本気で「週一回通う店」の座を取りに行き、神楽坂「ボルト」は同年最も注目された店の一つになった。

その準備は、じつに十六年前から始まっている。調理師学校を卒業して、二十歳から三年間「マルディ グラ」の和知徹《わちとおる》シェフに師事。旅と料理の結びつきに、フランス料理の可能性と自由を感じた。三谷青吾《みたにせいご》シェフの「レスプリ ミタニ」でも三年間、求道者の料理を叩き込む。

ブルースなシェフ二人の感性と技術をしっかり頂戴した上で渡仏。ローヌのガストロノミー「ラ・ピラミッド」を経て、サンスの「ラ・マドレーヌ」では併設のビストロ「オー・クリヨー・ド・ヴァン」のシェフも務めて帰国する。

フランス料理人修業は万全だ。なのに、彼はここで独立しなかった。「店」をつくるにはまだ足りない、と向かった先はオーストラリア。多民族多文化の大陸で気づいたのは、自国文化の価値だった。誰もが心底のびのびと食べて飲んで楽しめる、すばらしい店の形、居酒屋が日本にはある。

そこで帰国後は居酒屋「まるしげ 夢葉家《むようや》」で三年弱働き、居酒屋独特の「抜け感」と「包容力」を得た。仲田シェフは古い居酒屋の煮込みも、アジアの人の手際の良さも素直に尊敬し、謙虚に学ぶ。誰もが見逃してしまうところを見て、どんどん自分の栄養にしていく。その実りの満席である。

昭和

昭和五十八年創業

支那そば屋 こうや

Shinasobaya koya

前身は昭和三十六年、「徒歩徒歩亭《とほとほてい》」として商った屋台に始まる。初代は原澤宏也さん、昭和十七年生まれ。企業の勤め人だったが、旅と食好きが高じて退社、四谷の街角でチャルメラを鳴らした。その夜鳴きそばがタクシー運転手の間で評判を呼び、やがて〝ロールスロイスが停まる屋台〟と噂されるほどの人気を博す。昭和五十八年、三栄町に店を構えると、自身の名「こうや」を掲げた。二〇一一年にビルの老朽化のため現在地へ移転。同時に店を弟の哲人さんに譲り、宏也さんは娘さんと三栄町で「麺・粥・雲呑 徒歩徒歩亭」を開店。七十六歳の現在も厨房に立っている。

二代目の哲人さんは昭和二十三年生まれ。二十八歳から料理人となり、「こうや」を兄と一緒に立ち上げた。一年後、すでに嫁いでいた妹の森山美理子さんが接客担当として参加、同時期に現在料理長の川口尚登さんも入店。現在の「こうや」ではほぼ創業メンバーが三人、店の柱になって若いアジアの留学生たちを育てる体制ができている。

仲田シェフが「いつも感心して動きを見てしまう」と言うほど手際のいい青年は、ベトナムから来た二十二歳。料理は「こうや」で初めて覚え、まだ三年という事実は驚愕だ。

家族を中心に、スタッフとの家族的な関係が「こうや」を磐石《ばんじゃく》にしている。ちなみに看板に描かれたイラストは、初代の妻の作品。壁一面の「空」という書は森山さんの娘さん。中学時代に「こうや」でアルバイトしてお金を貯め、アメリカへ留学したのだそうだ。

11

緩みが心の棘《とげ》になる

僕 → 昭和

ポルトガル／小皿料理
佐藤幸二　「クリスチアノ」ほか　オーナーシェフ

「ラ・ブランシュ」（フランス料理）　渋谷

一日一日、一皿一皿

イタリア、タイ、オーストラリア、ポルトガルの料理世界を旅してきた佐藤幸二《さとうこうじ》シェフの出発点は、じつはフランス、それも古典。イギリスで当時一つ星を獲っていたブルゴーニュ料理店では、スーシェフも務めていた。

「パイ包みも毎日作っていたから、〝普通に作れば合格点〟とどこかで思っていた。それが『ラ・ブランシュ』でガツンとやられました。こんなにおいしくできるものが、パイ包みなんだって」

一皿一皿、隙がないほど全力の料理が現れる。今手にしているものすべてをぶつけてくるような、気迫を感じた。

「全力以外は許さない」

六十六歳、田代和久《たしろかずひさ》シェフの言葉である。

パンに添える豚のリエットだってそうだ。たとえ前菜にも満たない〝バター代わり〟の一品だとしても、手作業で練り上げ、割に合わないほどの工程と時間をかける。

「お客さんが頼んでもいないものなら、なおさら一生懸命作らなきゃ。こっちからのプロポーズですよ。口に入れた瞬間、次の料理が楽しみになる味でなければ」

渋谷、２４６から折れたプラタナスの並木道で「ラ・ブランシュ」は三十年。

当初は席が埋まらず、三ヵ月目で運転資金が尽きた。

藁《わら》をも摑《つか》む思いで新聞のチラシを作り、翌月から少しずつお客が入り始めたものの、二年間は決して楽ではなかった。築地で端野菜をもらったこともある。五〇ｃｃのバイクが雪道で止まり途方に暮れた冬も、働き過ぎて閉店後に意識を失った夜もある。

それでも田代さんが考えつづけていたことは一つ。

どうしたらお客さんにもっと喜んでもらえるか？　だ。

「三十年と考えれば長いけど、一日一日、一皿一皿の全力投球です。今日の一日、自分が納得できるように仕事をする」

自分の作りたい味が、出し切れているかどうか。

少しでも迷いがある皿をお客の前に出すことは、田代さんにはあり得ない。料理人の手が汚れていたり、落としたものを使うことがないのは、常識以前と考える。

お客が気づかない、見ていないことであっても、ほかならぬ自分が知っている。一度でも許してしまえばそれは「心の棘《とげ》」となって自身に残り、やがて身動きが取れなくなる、とシェフは語った。

「店を長くやっていくというのは、イコール信用。築城十年、落城一日。信用を築くには何年も何十年もかかるけど、失うのはたった一度の緩みなんです」

悩まないと、つづけられない

佐藤さんの「クリスチアノ」は二〇一七年十二月で七周年。もうすぐ六店舗目が開店する。

飛ぶ鳥を落とす勢いにみえる料理人は、しかし「僕は一度、挫折している」というコンプレックスを抱きつづけてきた。

「モダン・スパニッシュ全盛の頃、哲学的な料理についていけなくて、料理を離れたことがあるんです」

結局やめなかったのは、彼にとって料理とは、「どうしても作りたくなってしまうもの」だったからだそうだ。

いつもどこかで自信がない。その裏腹にある「普通に作れば合格点」なのだった。料理に携わっていられるだけでいい。いや、携わるだけじゃ満足できない。

そのとき、パイ包みが背中を叩いたのである。

「お前はもっと勉強したいはずだ、と」

田代さんもまた、自身の修業時代を「出来が悪かった」と振り返る。

「でも、悩まないと逆につづけられない。今だけ見ていては駄目で、一ヵ月後、一年後、十年先の夢を持って悩むこと。すると、もっと力をつけられる」

曰く、褒められたことなどない人生。修業時代から厨房の中で間違いなく一番怒られ、他人より努力しなければ、追いつくどころか引き離されてしまう。

「九九%出来が悪い。でも一%の可能性があるとすれば、〝味覚〟だった」

舌の鋭さだけは師匠に認めてもらえたから、自分の舌が感じる「おいしい」を信じることができた。そこしかない。そこだけを拠り所にして、フランス料理人生四十八年。

親からもらった味覚は、故郷・福島の風土に育まれた。

たとえば子どもの頃に食べた、井戸水で冷やしたキュウリのパリッとした食感や青々とした味。さらに言えば、料理人はそういった経験や記憶を皿に注ぐことで初めて「自分の味」ができる。

「自分が存在しない皿というものは、どんなに美しくても絵に描いた餅です」

多くの若い料理人が「ラ・ブランシュ」の厨房からフランスへ巣立ったけれど、彼らが日本へ帰ってきたとき、シェフとの関係はもはや師弟でなくフィフティ・フィフティ。というか、新芽が芽吹くような勢いと対峙するたび、「こっちも燃えていないと」と自身のモチベーションをますます奮い立たせるのだそうだ。

おそらく、田代さんに関わった人ならば必ず感じるだろう、湧き上がるような「熱」。なぜこの料理人はこんなにも熱く、しかもその熱を保ちつづけられるのか？

訊ねると、田代さんはあまり悩まずに「感動と好奇心」と答えた。

「もっとうまいものはないか？　もっと、もっとと食材を常に探すんです。ファーマーズマーケットにも毎週通って。するとときどき、ドキッとする食材に出合える。このときめきですよ。これを失ったら、潮どきです」

この道を四十八年もつづけているということは、僕は案外、フランス料理を好きなのかもしれない。そう語るグランシェフは、四十九年目の今日もまた厨房で四股《しこ》を踏む。腹を据え、魂を鎮め、「今日もがんばります」と心で唱えるのだ。

二〇一七年二月号

僕

一九七四年生まれ

佐藤幸二 Koji Sato

悩んでもやめようと思っても、溢れて止まらないのだろう。佐藤さんの本能は、まだ世の中に無いものをつくりたがる。

それは十九歳、ホテルのフランス料理店で修業中、知人の「料理が食べられる漫画喫茶」の料理プロデュースを手がけたのが始まりだった。絵画が好きでイタリアへ飛び、各地の料理店で働きながら絵を観て歩く。イギリスではブルゴーニュ料理店。その洗い場のポルトガル人と仲よくなって、故郷マデラ島の料理を教えてもらった。

二十五歳からは東南アジア編。タイでホテルの料理長を三年務めつつ、仏教も学んだ。少しだけバンコクでも暮らした。本能に従ったら、人が見ないものを見て、歩かない道を歩いていた。

帰国後はイタリア料理店「ヒロ チェントロ」を経て、二十九歳でオーストラリア料理「アロッサ」のシェフに就任。この時期に姉妹店のポルトガル料理と、微妙に違うマカオのポルトガル料理にも触れる。

独立第一号のポルトガル料理店「クリスチアノ」は二〇一〇年に開業。その後、ポルトガルの卵菓子、ポルトガルの魚介料理、ローカル目線のタイ料理、スペインのバレンシア地方料理、お惣菜・煎餅もんじゃまで、つくった店は現在六店舗。よく見れば、これまで誰も振り向かなかったマイナーな食文化だ。多種多様な国の「違い」を受け容れてきた経験。「なぜおいしいのか解明できない」料理に出合うたび、答が出るまで考えつづける料理人の性《さが》。佐藤幸二ワールドは、そういう本能的な何かでできている。

昭和

昭和六十一年創業

ラ・ブランシュ La Branche

オーナーシェフの田代和久さんは、昭和二十五年、福島・川俣に生まれた。阿武隈の山々から湧き出る水は、口をつけるとほのかに苔の香りがする。母乳に近いといわれる山羊の乳を飲み、みずみずしい野菜をかじり、自分の採った山菜や茸を母が料理する。自然豊かな故郷の食が、田代さんの原体験である。

上京して東京食糧学校（現・東京栄養食糧専門学校）へ進み、卒業後はフランス料理の道へ。竹橋「カーディナル」、銀座「ブリアン」、吉祥寺の菓子店「オオサワ」を経て二十九歳で渡仏。パリの高級店「ル・ランデ」、同じくパリの新星「ギィ・サヴォワ」（現在三つ星）ほかで三年間修業。帰国後、昭和五十八年から銀座「レザンドール」シェフを三年務め、三十五歳で独立した。

物件を探すとき、決めていたのは「大通りから一本入った並木道」「一階。または二階だったら外階段」ということ。フランスっぽいから、だそうだ。

渋谷・青山学院大学西門のプラタナスの並木道、外階段を上がった二階にある「ラ・ブランシュ」は、動かずに三十二年が経つ。大切に使われてきた調度品も美しい。

この店は多くの料理人を育て、送り出してきた。厨房で修業し、後にフランスへ渡ったり独立した料理人だけでなく、食事に来た者でさえ、その人生を変えてしまう料理である。

「一皿一皿に力を出し惜しみしないこと、一日一日を生き切ること」。田代さんの教えは、皿の上にすべてある。

12

日常の店は、引き算である

僕 → 昭和

スペイン／メソン
野堀貴則 「エスタシオン」オーナーシェフ

「三州屋 銀座店」（大衆割烹）銀座

素っ気ないくらいがちょうどいい

ティファニーやらブルガリやらがきらめく銀座二丁目の一角に、次々と人が吸い込まれていく小路がある。いや、小路にも満たない、ビルとビルの〝隙間〟と言ったほうがいいだろうか。ふと覗《のぞ》き込めば、その奥に挟まってしまったかのような大衆割烹。存在は遠慮がちだが、縦長の看板に「活魚一品料理《かつぎょいっぴんりょうり》　三州屋《さんしゅうや》　銀座《ぎんざ》店《てん》」の文字が、一本通った筋をびしっと感じさせる。

逆なのだ。

本当は昭和四十三年創業のこっちのほうが、銀座通りのハイブランドよりも、店を見下ろすようにそびえ立つビルよりも、この街の先輩である。

小路の行き止まりまで進みガラガラと戸を引けば、砂壁に木の柱と長押《なげし》がわたる和室の造り。白木のカウンターや長テーブルはみんな平等に相席だ。

熱燗と刺身で昼酒のおじさん、ごはんをかき込む新入社員風の男性、ぎこちなくお銚子《ちょうし》を傾けるヴィンテージスニーカーの外国人。おそらく店の外では交わることのない者同士が並んで飲食しているというのに、不思議と収まる喧噪の中の「個」。

昼の十一時半から夜二十二時まで開きっ放しだから、いつでも好きなときに来て空いた席に座り、「呑み」でも「食べ」でも好きに過ごせばいい。

神楽坂のスペイン料理店「エスタシオン」オーナーシェフの野堀貴則《のほりたかのり》さんは、銀座でシェフを務めていた十一年前、週二、三回もここを訪れていた。

「朝、築地へ行った帰りに、昼食をここで。一人で来て、その日店で出すメニューを考える時間でした」

二十四歳だった。当時はイタリア料理店からスペインバルへ移って半年で前任のシェフが辞め、突如、重責が回ってきたというシビれる状況。焼魚定食を食べながら、頭の中には覚えたてのスペイン料理が駆け巡る。

誰にも頼れない「個」あるいは「孤」の時間に、しかしこの大衆割烹はちょうど良かった。

「愛想があるわけじゃない、と言うかむしろ素っ気ないくらいなんですよ。こちらからアクションを起こさない限り放っておかれたり、逆にぐずぐず注文を迷っていると〝何が食べたいの？〟ってズバッとくる（笑）。でも、そういうのが何だかちょうどいいなぁと」

接客の女性たちは、野堀さんの母親よりも年上の世代。彼女たちの接し方はどこか祖母や親戚の伯母を思わせ、「田舎のおばあちゃんちに行ったときの感覚」にトリップする。

「だから、こっちも構えずに済むんです」

気を遣われると、遣われたほうも気を遣ってしまうものだが、その逆ということか。構わない。その距離感が、人を構えさせない。野堀さんはこの技を、「サービスしないサービス」と表現した。

それはスペイン現地のバルにも通じるのだそうだ。

近所の人が集まる街のバルは、構えないから疲れず、疲れないから毎日でも通うことができる。この真理は、シェフとなった彼が、ほぼ毎年スペインを旅するなかで実感したことでもある。

銀座で一軒、神楽坂で二軒のバルのシェフを経て、二〇一五年に独立開店した「エスタシオン」は、バルとレストランの中間的な「メゾン」と呼ばれる形態である。立ち呑みより落ち着いて食べられるテーブル式、でもレストランより構えない、日常に近い店だ。

河岸で半世紀のつながり

野堀さんが神楽坂に移ってから、「三州屋　銀座店」にはたまの休日に訪れる程度になった。夕方の中途半端な時間に行って、まずはビールと「鳥豆腐」。お昼に来ていた頃はもっぱら定食で、種類によっては味噌汁代わりにこの「鳥豆腐」がついていた。

「鳥豆腐は、湯豆腐の鶏ガラ出汁バージョンといった感じ。スープが澄んでいて、丁寧に出汁を取っているのがわかります。春菊の利《き》かせ方、味のバランスも完成度が高くて、僕はこのお店のスペシャリテだと思う」

「三州屋　銀座店」の料理人、岡田仁《おかだひとし》さんに訊ねると、やはり創業時からの看板メニューであった。鶏のガラと皮を水から炊き、沸いたら弱火に落として二時間、こまめにアクを取りスープを濁らせない。仕上げにパッと鰹節。味つけは少しの醤油と自家製〝水塩〟のみ。

「日常の店ですから、料理はシンプル・イズ・ベスト。ほとんど素材そのままみたいなものが多いです。味も濃過ぎず強過ぎないように気をつけ、だからこそ素材はいいものを選ぶ」

初代店主の岡田正之《まさゆき》さんは、今なお現役の八十二歳。弟の岡田重人《しげと》さんと兄弟で創業し、以来半世紀、同じ厨房に立っている。仁さんは重人さんの息子で、父や伯父と一緒に十六年だ。築地での仕入れは正之さんの仕事。半世紀、毎朝である。

河岸を歩けば誰もが挨拶に飛んでくる顔の広さ、つながりの強さがあるから、質が確かで新鮮、かつ大きな魚介が手に入る。ケチケチせず、堂々たる大ぶりであること、それが「三州屋銀座店」のプライドである。

正之さんに、お店をつづける上で五十年、ずっと大切にしてきたことは何ですか？　と訊ねた。答えはたったひと言だった。

「お客さんを大切にすること」

今、「大切にする」とは足し算で考えられることが多い。

しかし昭和の考え方は、ときに引き算だ。人を疲れさせない味とは？　居心地とは？

何を引いて、何を絶対に失ってはいけないか。日本でもスペインでも、日常の店の生命線はそのあたりに引かれている。

二〇一七年四月号

僕

一九八〇年生まれ

野堀貴則

Takanori Nohori

スペインで「メソン」と呼ばれる店は、「バル」と「レストラン」の中間に位置する食堂。野堀さんは、日本に馴染みの無いこの形態をあえて選んだ。スペイン料理とひと括《くく》りにするのではない、地方ごとの個性的な郷土料理。それをバルのタパス（小皿）というスタイルで表現することは難しく、レストランでは日常から遠くなり過ぎると考えたからだ。

もともとイタリア料理人だった野堀さんだが、二十四歳で神楽坂のバル「エル・セルド」に入店。ここでスペイン料理の「野菜や肉が鍋の中で一つになる味」に魅せられた。半年後にいきなりシェフとなり、東京には空前のバルブームが来る。オーナーは「エル・プルポ」「エル・ブエイ」を次々と開店。彼はそのたびにシェフを務め、すべて人気店に押し上げた。

日本でも現地でも、スペイン料理の修業歴など無かった彼が、結果を出せた理由は何だろう？

野堀さんは毎年必ず現地へ飛んで、食べ手として多くの土地と料理を経験したのである。もちろん勉強もしただろう。しかし電車やバスに乗って、店を探して、自分の足で歩いたことで無数の郷土料理こそ面白いと気がついた。

「エスタシオン」は二〇一五年十月、神楽坂に開店。三十五歳になった彼は、信頼する生産者の野菜を使ったスペイン各地の料理を、同国の多彩なロゼワインで楽しませる。「メソン」「野菜」「ロゼ」。郷土料理という「伝えたいこと」が伝わるように、複数の仕掛けを用意したのである。

昭和

昭和四十三年創業

三州屋 銀座店

Sanshuya Ginzaten

三州とは三河の別称、現在でいう愛知県の東側である。「三州屋」はつまり、店主が三河出身であることを物語る。

東京に「三州屋」という大衆割烹はあちこちにあるが、それぞれ暖簾分けで独立した店であるため、経営はまったくの別。ただ、「三州屋　銀座店」と近所にある「三州屋　銀座一丁目店」は親戚同士が商う系列店。ともに昼から夜までの通し営業。大箱で二階座敷席もある銀座店は活気に満ち、小箱の銀座一丁目店は落ち着いて呑むのにいい。

「三州屋　銀座店」初代店主の岡田正之さんは、愛知・野田出身の昭和十年生まれ。十三歳違いの弟で料理人・重人さんと一緒に創業した。重人さんの息子・仁さんは昭和五十八年生まれ、十八歳から同店の厨房で働き、「三州屋　銀座店」の味を支えている。この岡田ファミリーを中心に、料理人や接客担当も勤続二十年三十年のベテラン揃いなのだから、もはや阿吽《あうん》の呼吸である。

短冊の品書きは時代とともにどんどん増え、今や百種類以上もあり目移り必至。しかも魚介は創業時から変わりなく、正之さんが毎朝築地で買い付ける目利きの品ばかりだ。海老や帆立、季節限定の牡蠣などはどれも大ぶりで、ラード一〇〇％で揚げるフライは軽く、生パン粉のサクサクした歯触りが小気味よい。

銀座店は二〇一七年初め、あまり印象を変えないよう店内を改装。通りから折れた小路の突き当たりという奥まった場所、なんとなく隠れ家のような体はそのまま。まだ明るいうちからの、ちょっと後ろめたい昼酒にちょうどいいのである。

13

三割の「すごく好き」

僕 → 昭和

日本／イノベーティブ
長谷川在佑
「傳《でん》」店主

「共栄堂」（スマトラカレー）神保町

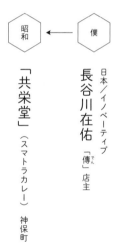

食べたことの無いカレー

神楽坂に生まれ育って、神保町で独立したことと、どこか関係があるのだろうか。日本料理店「傳《でん》」店主、長谷《はせ》川《がわ》在佑《ざいゆう》さんは〝旧《ふる》き〟にとても敬意を抱いている。

「長く愛される店には絶対、理由がある」

それを知りたくて老舗へ通うようになった、その一軒が「共栄堂《きょうえいどう》」だ。大正十二年に起こった関東大震災の翌年、神保町に創業したスマトラカレー専門店。

インドでも欧風でもない、なぜかインドネシアの島の名が授けられたカレーを食べて、長谷川さんは圧倒されたのだ。その、オリジナリティに。

「今、個性、個性と言うわりに頭の隅にあるものを引っ張り出したような、どこかで見た料理、どこかで食べた味が多いですよね。でも『共栄堂』のスマトラカレーは本当に食べたことが無かったし、ここでなければ食べられない」

誰も知らないものを世に出し、提供しつづけるのがどんなに困難なことか。それができるのは、味に自信があるから？　それとも、伝えたい一念で？

若き料理人の疑問に、三代目の宮川《みやがわ》泰久《たいきゅう》さんは「どちらでもない」と答えた。

「それしか道がなかったんです」

もともと「共栄堂」は洋食屋だった。

カレーは数あるメニューの一つで、それがたまたま交流のあった冒険家・伊藤《いとう》友治郎《ともじろう》氏が教えてくれたスマトラ島のカレー。と言っても初代がアレンジをしているから、現地そのままではたぶんない。

第二次世界大戦でも焼け残った「共栄堂」だが、昭和五十年の火事で焼け、多くを失った。もはや大きな商売はできず、何か一本を柱にしてつづけよう、と望みを託したのが人気メニューのカレーというわけだ。

西洋料理人だった宮川さんが初代の孫娘と結婚して跡を継いだのは、それから約十年後のことである。

店はたしかにつづいてはいたが、お客はめっきり減っていて、教わった作り方では駄目だとすぐにわかった。ならばどうするか。

商品はスマトラカレーしかないのだから、それを磨くしか道はない。

「お客さんにはわからないように、試行錯誤して作り方を変えていったんです」

宮川さんによると「共栄堂」の味は、「最初に甘味を感じて、辛味が追いかけ、最後にビターな余韻と独特の香ばしさが膨らんでいく」。その骨格を崩さず、各要素により深みを与えながら、常連にも「変わらない」と言わせるレシピ。

突き詰めた宮川さんの味は、「ポーク」「ビーフ」「エビ」といった具材のバリエーションごとに異なるブイヨンが要である。「ポーク」なら豚肉を野菜と炊き、野菜とチキンのブイヨンで伸ばす。「ビーフ」は焼いた牛肉の塊と野菜を赤ワインで煮込んだフォン・ド・ヴォー。「エビ」は頭をバターで炒め、白ワインと野菜のブイヨンで伸ばし、ミキサーにかけて漉す。といった具合。

カレーペーストに使う香辛料は二十種類だが、重要なのは数じゃない。

ラード（精製豚脂）、ヘット（精製牛脂）、鶏脂でローストするときの「煙の巻き方」「鳴き声」「顔色」。それらを感じて火を決める瞬発力。しかし最も肝心なのは、仕上がったペーストを二日三日と寝かせ、ブイヨンを合わせた後も一日半以上馴染ませる、その時間を待つこと。圧倒的な深みは、熟成から生まれるものだった。

「カレーは生きもの。瞬間、瞬間の判断でガラリと変わってしまうし、可愛がってやればいい子に育つ。可愛がりすぎると甘ったれになるけどね」

知らないところで変わりつづける

スマトラカレーは百人中百人が好きな味ではない。むしろ二十八人が好きならいいのだそうだ。宮川さん曰く、「地球の水と陸の割合しかり、世のあらゆることが大体七対三。約三割の人でお店は成り立つ」。

ただし、その二十八人は「好き」のレベルでなく、「ものすごく好き」であること。「共栄堂」の味を忘れられない彼らは、何度も店に通い、同じカレーを食べつづける。

同じカレー？　いや、誰も知らないところで変わりつづけているカレーだ。

「私自身一〇〇パーセントがどういうものか、まだわからない。だからこそ日々近づきたい」

長く愛される店の理由とは何か。

「共栄堂」のスマトラカレーを何度も食べながら、長谷川さんは考えた。

「人は、〝これから先も見ていきたい〟と思うときに、応援したくなるんじゃないのかなと。

このアーティストの次の作品が早く観たい、と思うのと一緒です」

　僕もそう感じてもらえる料理人でありたい。

　そう願う彼の店は、二〇一六年「世界のベストレストラン50」で「注目のレストラン賞」を受賞、アジアでは三十七位に入ったが、それもまた「応援してますよ」という意味に受け取っていると言う。

　世界で何位じゃない。投票者それぞれの、自分の一番。それを投じた結果であるならば、「傳」を一番に応援する人は、世界に広がっているということだ。

「その分、アンチもいます。でも僕はそっちを気にする暇があるなら、応援してくれる人のために時間を使いたい」

　宮川さんもそうしてきた。

　店を継いだばかりの頃や景気の波が引いたとき、時代とか世間といった大きな塊でなく、目の前の数少ないお客とまだ見ぬお客のためだけにカレーを磨いたのだという。

　そしてもう一つ。

「一生懸命、掃除です」

　冷蔵庫の中の棚も、フードの中も、客席のテーブル裏もすべて手拭きする。それは「応援してくれる人」への誠意でもあるが、誠意を尽くすことそのものが、料理人を支える誇りになっていたのかもしれない。創業九十二年。今「共栄堂」のスマトラカレーを応援する人はたくさんいるけれど、毎朝の徹底清掃はずっとつづいている。

二〇一六年九月号

僕

一九七八年生まれ

長谷川在佑

Zaiyu Hasegawa

二〇一八年、「アジアのベストレストラン50」で「傳」は二位、日本のベストレストラン賞を獲得した。この連載が掲載された一昨年は三十七位、昨年十一位、そして今年の快挙。「傳」という料理店がいかに人をわくわくさせ、その顔をほころばせてきたかの結果である。そう、人たらしな店なのだ。

長谷川さんは十八歳から料亭「神楽坂 うを徳」に住み込みで修業。数軒を経て二〇〇七年、二十九歳で神保町に「傳」を構えた。店を持つと決めたときから、彼は昔からつづく店に通っていたという。神保町では中華料理「新世界菜館」、鮨「神保町 鶴八」、喫茶「さぼうる」、そして「共栄堂」。門前仲町の大衆酒場「魚三酒場」。

曰く「昭和は人間力が違う」。たとえば「魚三酒場」では、三回目の訪問で黙って好みのビールが出てきた。騒ぐお客には「無言で会話しな」と粋な言葉でぴしゃり。このサービスやホスピタリティは今の店には無い、けれどかつてはあったもの、だ。店とお客、店と店、人と人との在り方を昭和に学んだ。

二〇一六年、長谷川さんが個人的に十年通う青山のフランス料理店が、東京を離れた。大先輩の足跡に敬意を払い、同年十二月「傳」はその跡へ移転。「店」の持つ時間や志を引き継いでいる。

彼は、レストランの未来を考えたかったのだ。

自分だけで精一杯という考えや、お客の奪い合いといったところに未来は無い。飲食業は、次の世代に憧れを持ってもらえる業界にならなくちゃいけない。

昭和

大正十三年創業

共栄堂

Kyoeido

神保町は明治以降に大学が相次いで創立されたことから、古本や専門書まであらゆる分野の書店・出版社が集まる、書の街になった。自然発生的に、学生や教授たちのお腹を満たす食堂も生まれる。しかし大正十二年の関東大震災で、この街は壊滅状態となってしまった。

「共栄堂」の創業はその翌年。だから初代・石原真治さんは神保町の復興を願い、街やお客様と「共に栄える」という店名をつけたのだ。飲食店という商売はお客ありき、お客側の人が栄えなければ、店に足を運んでもらうこともできない。

「共栄堂」はもともと洋食屋だったが、昭和五十年よりスマトラカレーに特化。スマトラとはインドネシアで二番目に大きな島。東南アジアに造詣の深い冒険家・伊藤友治郎氏にレシピを教わったそうだが、初代がアレンジしているため原形は不明だ。

現在三代目の宮川泰久さんは結婚を機に、昭和六十一年に店を継いだ。一九五一年生まれ。十八歳から西洋料理店で修業してきた料理人である。宮川さんは厨房から「共栄堂」の味を見直し、より磨き上げることで経営状況を立て直していった。

口癖は「カレーは生きもの」。

今も毎日数回はカレーソースの味を見るが、必ずごはんと一緒に食べて確認する。なぜなら、お客はごはんにかけて食べるから。小麦粉を使わず、玉葱も炒めず生から煮込むスマトラカレーは、毎日でも食べられる爽やかさであることを、身をもって証明している。

14

新しい世界へ、連れてってやるよ

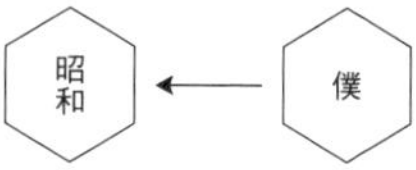

日本／焼鳥

今井充史

「焼鳥今井」店主

「埼玉屋」

（焼きとん・モツ焼き）東十条

がんばってる手だな

初めて「埼玉屋《さいたまや》」を訪れたとき、親父さんは、不意に今井充史《いまいたかし》さんの手を握ってこう呟いたという。

「料理人か。がんばってる手だな」

当時三十三歳。千駄木に「焼鳥今井《やきとりいまい》」を独立開店したばかりで、正直、心身ともに苦しい時期だった。カウンターの隅っこから、焼き台でモツを焼く親父さんの筋肉隆々の背中を見て、今井さんは泣いた。

「料理人は朝早くから夜遅くまで働いて……いや、キツイつらいは我慢できるけど、悔しさや不安やいろんな思いが人知れずある。そういう日々の苦労を乗り越えてきた人の、でかい背中でした」

三十串以上を食べて食べて、焼酎を凍らせた生レモンハイを呑んで呑んで。その味にさらに泣けて店を出て、気づけば駐車場で寝ていたらしい。

そのくらい、どうしようもなく感動した。

東十条「埼玉屋」は、昭和二十九年、小熊幸助《おぐまこうすけ》さん・ヒデさん夫妻が埼玉から上京して開業した焼きとん屋だ。「親父さん」こと小熊秀雄《ひでお》さんは二代目で、現在は三代目「若」の小熊秀《ひで》幸《ゆき》さんも一緒に店に立っている。

モツを炭で焼くあの焼きとんだが、しかし、ほかのどこにも無い焼きとん。

それを求めて行ったある土曜の十五時過ぎ、「埼玉屋」の前にはすでに十人以上の列ができていた。開店の十六時には暖簾を出す間もなく満員御礼。土曜は口開けのお客だけで終了するという。

コの字カウンターにびっちり詰まったお客がそわそわしていると、真打ちが高座に上がるがごとく親父さんが現れる。そうして一人ひとりに「初めて?」と訊ね、頷いた人にはこの決め台詞。

「新しい世界、アナザーワールドに連れてってやるよ」

まずは焼く前の生肉を全員に見せる。息を呑む美しさだ。艶やかな肉質、丁寧な下処理、精度の高い串刺し。「見えないところでの仕事がすごい」という今井さんの言葉を思い出した。

焼き台がアブラと呼ばれる牛の串でいっぱいになる。

最初の約九串は、一斉スタートで同じものが焼かれるコース仕立てである。お客全員が、飲み物を片手にじっと待つ。

親父さんの手からアブラが自分の皿に置かれるや、一秒以内に口の中へ。上質な脂の甘味とたれの旨味、やわらかな肉の渾然一体。

それからはふわっふわの上シロ、濃厚なレバー、ガーリックバターとチレ(脾臓《ひぞう》)の出合い、オリーブオイルとハツの衝撃……気づけば食べ手は、新しい世界に立っている。

「実際この値段じゃ大赤字。でもみんなこんな笑顔してくれっから、まあいいかと。アナザーワールドは大変よ」

まだ足んない、俺まだ勉強するよ

親父さんは二十二歳で跡を継いだが、自分の意志より何より、家族が食べていくためだった。そういう時代。

でも、何も考えず、ただ単に継ぐのは嫌だったのだ。

「個人商店がなぜ無くなっていくと思う？　勉強しないからだよ」

若い頃には、借金をしてアメリカからメキシコまで縦断している。日本とアメリカの商売の仕組みの違いに驚き、食文化に刺激を受け、その感覚を東十条に持ち帰った。

これを皮切りに、親父さんは休みのたびに世界を旅して回ることになる。

イタリアでは牛のカットの仕方が地方ごとに違うことを学び、スペインではバルから三つ星までそれぞれの食文化を知る。今や「埼玉屋」名物となった「ポルコ」はポルトガル、「ザワークラウト」はドイツの足跡だ。

二〇一六年現在、六十八歳、口癖は「勉強」。

わからないことを、わからないままにはしない。人間は常に勉強しなきゃ駄目。その探究心が、これからも新しい世界をつくっていく。

「まだ足んない、俺まだ勉強するよ。最近、若い料理人が〝すみません、料理をパクりました〟なんて言いに来るけど、そんなのどうでもいい。俺は次を考えてるからね」

なぜそんなにも、新しい世界を求めるのだろう。

訊ねると「そうしなきゃ（沈んで）二度と浮かび上がれない」と返ってきた。これまでの勢いから一転した、厳しくて静かな声だった。

先に、跡を継いだのは「食べていくため」の道だったと書いたが、動機なんて何でもいい、規格外でいい、と親父さんは言う。

「生きる道は腐るほどあるけど、自分が決めた道を突っ走るだけ。Let《レット》 it《イット》 be《ビー》.だよ。何とかなる」

親父さんに、今井さんはちょっと似ている。

音楽を辞めて「食べるため」に料理人になった道のりも、それでも好きな店に通い詰め「なぜ好きなのか、それが何から生まれるのか」を突き詰める探究心も、そして、「もっとうまいものを作りたい」といつも上を見ているところも。

「料理人にとって、理想と現実とのギャップはつきまとう問題です。それでも親父さんには常に、本気で高みを目指す志がある」

そう在りたいのだ。もちろん、先を突っ走る背中はまだまだ遠く、大きいけれど。

「武道に、残心《ざんしん》という言葉があるんです。剣道で言えば、気持ちを入れて心を残さないと一本取れない。技を決めるだけでは完全と言えない。親父さんの仕事、手の余韻には残心を感じます」

モツに塩を振るときの、たとえるなら力士が土俵に塩をまくような、あるいは神事のような手の動き。指の先にまで気が漲《みなぎ》る、その余韻。

「埼玉屋」六十二年、職人歴四十六年の仕事である。

二〇一六年五月号

僕

今井充史

一九七三年生まれ

Takashi Imai

二十代の今井さんはギタリストを目指していたが、生活のためにはアルバイトが必須。で、飲食店ばかりを選んでいた。おいしいものには涙してしまうほどの、ピュアな食べもの好き。だからこそ、志の低い店にはイライラしてすぐ辞めてしまうという繰り返し。でも、待てよと考えた。音楽活動優先で、休日と給料で店を選んでいた自分が間違っている。

そんな折り、北千住「バードコート」の焼鳥を食べて衝撃を受けた。何が違うのか。何度も食べに訪れ、これが最後と決めた日に従業員募集の貼り紙がしてあった。今井さんはこの店で二年半修業し、銀座「バードランド」で半年。その後日本料理店や蕎麦屋でも働いて、二〇〇六年五月、三十三歳で千駄木に「焼鳥今井」を開店することになる。

店主になっても、今井さんは毎週食べ歩いた。目指すべき何かを見つけたかったのだ。多くの店を制覇するのでなく、好きな店に何度も通い、自分がなぜそれに惹かれるのかを追究する。じつは中学生のとき、親に連れて行かれた赤提灯で初めて、昭和の店に憧れた。徳利やグラスが整然と片づいた棚、音楽の無い店の気配、自然に背筋が伸びる感覚、女将さんやご主人の役割分担。そういうものにわくわくしたのだそうだ。

千駄木の「焼鳥今井」は満席の店になり、二〇一六年に十年を迎えた。これを節目に同年十一月に外苑前へ移転し、十席の店は今や三十席だ。今井さんは大きな店で、「人を育てる」という山を登ることに決めたのである。

昭和

埼玉屋

昭和二十九年創業

Saitamaya

現在の当主・小熊秀雄さんは二代目、昭和二十二年十二月生まれ。彼が六歳の年の六月、父・幸助さんと母・ヒデさん夫妻が東十条に焼きとん屋を開いた。そもそも夫妻は埼玉出身。だから「埼玉屋」。昭和の東京には、店主の出身地による屋号が多かった。

小熊さんが子どもの頃の東十条は製紙工場の街で、街を歩く人がとにかくいない。そういう不利な立地で、両親は真面目に、鮮度のいい肉と内臓を仕入れて商売をしていた。

たしかに繁盛したが、東十条の街の外からも人を呼び、行列までつくったのは二代目の秀雄さんだ。「長男だから当然のように」跡を継いだのは昭和四十五年、服部栄養専門学校を卒業した二十二歳のとき。進学したのは、継ぐにしても料理について勉強したかったからである。

秀雄さん曰く「今の人は、百年つづけようと思って店を始めていないよね」。お店とは仕事を覚えるのに十年、食ってがんばっていこうとして二十年、何とかなるまでに三十年、百年やってどうにか店の価値が出る。

新しい料理がどんどん生まれる世の中で、「肉を炭で焼く」という原始的な料理をなぜみんなが好むのか。新しければいいってもんじゃない。原点が喜びを与えることもあるし、「埼玉屋」の価値は、百年後もそこにあると考える。

「埼玉屋」は現在六十四年。息子の秀幸さんはすでに一緒に店に立っているが、秀雄さんは今から孫にも「百年は何が何でもつづけること」と申し伝えているそうだ。

15

物語を持っていること

僕 → 昭和

日本／野菜と吊るし焼き
嶋田寛元「さいめ」店主

「志ま平」（巽蕎麦）牛込神楽坂

江戸の職人

「僕らにとって、古いものこそ新しい」

　そう語るのは二十八歳の店主で料理人、「さいめ」嶋田《しまだ》寛元《ひろゆき》さんだ。二年前に牛込神楽坂駅、牛込エリアの納戸町に「さいめ」を開店させたが、そのお隣が巽蕎麦《たつみそば》「志《し》ま平《へい》」だった。たまたま同姓の店主・嶋田《しまだ》義昭《よしあき》さんが、埼玉・川口で昭和五十八年に創業。現在地には平成十六年、西暦で二〇〇四年に移転している。

「一代で築いた方で、お店には嶋田さんの生き方が見える。新しい店に行くときは、お酒の勉強とか何かしら目的があったりもしますが、でも『志ま平』さんはそういうピンポイントな理由でなく、歴史、人間、すべてを感じるお店。新しい店も〝今〟だけど、こっちも〝今〟なんです」

　店主自ら設計した「志ま平」は、義昭さんの故郷・千葉県山武郡が誇る、赤身の美しい山武《さんぶ》杉《すぎ》の一尺柱を中心に一枚板のカウンターが延びる。艶の出た床板、古い欅《けやき》の蔵戸、骨董の蕎麦《そば》猪口《ちょこ》が並ぶ水屋《みずや》簞笥《だんす》。

　玄関口の障子戸は、一部を外すと細かな万本格子《まんぼんごうし》が現れて風が抜ける、夏の暑さをしのぐ昔の人の工夫である。

「昔の建具は、一つひとつ、何がどこにあるものと決まっている」

　義昭さんは十八歳から蕎麦の道へ。次第に江戸の文化と遊びに惹かれ、江戸の職人に憧れた。巽蕎麦の「巽＝たつみ」とは辰巳の方角のこと、つまりは辰巳芸者の街、深川あたりを指す粋な言い方。

修業も、江戸の遊びも突き詰めてきた人である。

骨董に寺社巡りに千社札《せんしゃふだ》。千社札とは名前や屋号、雅号《がごう》を木版で刷った紙札で、いわば名刺のこと。江戸時代、寺社に貼ったり職人同士で交換するのが流行《はや》ったという。

寛元さんは「すべてを感じる」と言ったが、まさに「志ま平」に在るものすべてに物語がある。

たとえば、道具。

「昔の職人は、道具を見ればその人がどれほどのものかわかったんです。たとえば修業したての頃は黒打ちといって、磨かれていない黒い包丁を持つ。それを自分で磨いて、磨きの包丁に育てていくわけです。修業を積めば積むほどピカピカになる。今はお金を出せば、最初から磨きを買えるけどね」

職人の道具は、自身で作るもの。

大工なら金槌の柄《え》を、蕎麦職人は蕎麦切り包丁の柄を、自分の手に馴染むよう自分で削った。義昭さんの包丁の柄も、もちろん自作である。

プライドを曲げられる

現在、最寄りの駅名は「牛込神楽坂」だが、江戸時代は「神楽坂」が花街、「牛込」エリアは江戸城で働く人々が住む街だった。納戸町は金庫番、細工町は畳や左官などの職人、簞笥町は武器庫（刀などは桐簞笥で保管した）と、職の役割がそのまま町名に残る街。

この納戸町に「志ま平」が移転したとき、義昭さんは五十一歳。

九年後、六十歳を境に昼営業を止《や》め、「夜だけ」「コースのみ」「完全予約制」に舵を切った。

「職人は定年のない仕事だから、自分で定年を決めたんです」

と言っても退職ではなく、むしろ逆。八十歳まで職人をつづけるために絞り込んだ、攻めの手である。

コースは四点盛りから始まり、ミルキーな蕎麦の実のスープ、酸味の爽やかな蕎麦海苔巻き、季節の盛り合わせが十四〜十五品、掻きたてのそばがき、香ばしい蕎麦のクレープ、そして蕎麦で〆。

蕎麦粉の味、香り、食感をさまざまな角度から体験させ、同時に江戸の古典的な一品や江戸前の食材が織り込まれた「志ま平」独自の世界。

寛元さん曰く、これも物語（ストーリー）。

「今、エンターテイメント性があって一皿一皿がおいしい料理は多いですよね。でも『志ま平』さんは食べ終えたとき、ああ、すべてが〆の蕎麦に至るための料理だったんだなって、すとんと腑に落ちる」

〆は江戸の二《に》八《はち》蕎《そ》麦《ば》。蕎麦粉八割、つなぎ二割の細挽き「せいろ」と、皮ごと粗く挽く「みやま」である。

「志ま平」ではどちらも石臼で挽いているが、「挽く」とは、厳密に言えば「切っている」のだそうだ。よく挽けた＝切れたものは粉と粉がくっつき合い、つるつるっと滑るようななめらかさが生まれる。

江戸の仕事を理解し、より発展させながら、文化や世界観まで含めたストーリーで表現する。今、それができる東京で唯一の人だと、寛元さんは思っている。

二人の嶋田さんは、お互いにちょこちょこお隣へ顔を出すが、六十四歳の嶋田さんは「さいめ」を訪れるたび、二十八歳の嶋田さんに学んでいるという。

「彼はたぶん、誰かに習った料理じゃないよね。自分で工夫して作り上げている料理、それがすばらしい」

たしかに、「さいめ」の立ち位置は、少々変わっている。

彼は料理人だが、和食を食べさせたいのでなく、信頼する生産者が作る味を伝えたいのだ。厨房というより戦前の日本の台所のような土間で、壺の中や陶板の上で素材を焼く。

古いような、でも義昭さん曰く「自分には考えられない新しい仕事」。

八十歳まで店をつづけると決めた蕎麦職人は、地元に新しい店ができたと聞けば足を運ぶし、そこで貪欲に学ぼうとする。

その姿を見ている、開店二年目の店主はこう思う。

「嶋田さんはプライドを持っているのに、プライドを曲げられるんです。僕もこういう大人になりたいなって」

背中を見せてくれる、お父さんみたいな人。そういう人がこの東京で、すぐ隣にいてくれた。

二〇一七年六月号

僕

一九八八年生まれ

嶋田寛元

Hiroyuki Shimada

嶋田寛元さんが「さいめ」というお店を牛込神楽坂に構えたのは、「パンの消費量が初めて米を抜いた年」、平成二十七年だ。日本人が米を食べない事実がショックで、白いごはんの店をつくろうと決めた。

ごはんとは土鍋でふっくら炊き上げたそれの意味もあるが、この店では日本人の「あたりまえ」を指す。自然の摂理の中で育てる農法、その土地固有の在来種、しょっちゅう顔を見に行って交流を重ねている地元・埼玉の生産者。

そういったものから成り立つ野菜を、炭火を熾《おこ》した壺で吊るし焼きにしたり、直火に載せた陶板でプリミティブに焼く。またはそれらを糠漬けや味噌、醤《ひしお》、塩麹など自家製発酵食品・調味料で仕上げる。「さいめ」は、言うなれば戦前の日本の台所仕事をしている店だ。

寛元さんはさまざまなジャンルの飲食店で働いたが、面白いのは一年かけて、車で産地を巡る旅に出ていること。全国の醤油蔵を訪ねては醸しの仕事を覚え、田畑を歩いては生産者から耕す仕事を教えてもらう。食材を育てる、作るとはどういうことか？　それを机上でなく、土の上でリアルに理解してきた料理人である。

彼自身は「さいめ」について、「生産者と都市をつなぐ店」だと言う。この店で野菜を食べてみれば、その力強さに驚いてしまう。それをアテに呑む日本酒もまた、身体に負荷なくしみ込んでいく。昔の日本人が日々の糧にしていた、「あたりまえ」。私たちが失った多くのことを、取り戻そうとする若者が現れている。

昭和

昭和五十八年創業

志ま平

Shimahei

店主の嶋田義昭さんは昭和二十八年、千葉の漁師の家に生まれた。鮨職人になるつもりが、母の蕎麦好きでこちらの道へ。ちなみに誕生日の五月十五日は、偶然にも「さいめ」の開店日と一緒だ。十八歳から本八幡ほかの「一茶庵」で蕎麦職人の修業を重ね、三十歳で独立。当初「志ま平」は蕎麦居酒屋として埼玉・川口で十年営み、そこから越谷に移って十年ちょっと。

五十歳を機に「これから先、都落ちするのでなく都へ上ろう」と考え牛込へ移転した。「志ま平」の「志ま」は嶋田の「嶋」、「平」は蕎麦を切る道具の部品「切り平」から。江戸の言葉遊びからなる店名である。

義昭さんは蕎麦職人というより、江戸の職人世界を体現する人、というのだろうか。寄席文字（江戸文字）が美しい千社札の遊び方、火消しの纏《まとい》（旗印）に隠された語呂合わせ、江戸の職人は芝生まれ神田育ちがエリートだった話など、いつまでも聞いていたいほど楽しい知識。骨董の皿や酒器、火鉢に鉄瓶、不動明王像まで、「志ま平」は、趣味人である店主の世界観そのものだ。

義昭さんは四十歳を過ぎたとき、八十歳まで店に立つための生き方を考えた。六十歳までは十年計画、その先は五年計画で、「自分の店の立ち位置と、やりたいことの折り合いをどうつけるか」。

難問だが、しかしお客を満足させるために、まずは自分の満足を考えること。義昭さんはときどき「さいめ」で一杯飲《や》りながら語り、寛元さんもまたそれを聞くのが好きなのだそうだ。

16

街と一緒に歳を取る

僕 ← 昭和

日本／牡蠣とおばんざい

廣岡好和 「マルショウ アリク」店主

「バッカス」（バー）松陰神社前

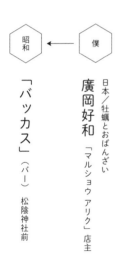

自分のお金で呑む人のバー

七年前、廣岡好和《ひろおかよしかず》さんが越してきた当時の世田谷線・松陰神社前《しょういんじんじゃまえ》は、新店がほとんどない商店街だった。

ただ、街にはおじいちゃんおばあちゃん、その息子や娘夫婦、孫、もしかしたらひ孫の四世代がのんびり歩き、居酒屋に入れば「お前のおしめを替えてやったんだぞ」と笑い合う、親子ほど離れた常連客が肩を並べる。

「いい街だなぁと。この街の一員として、僕も街と一緒に歳を取りたくなった」

カフェや酒場で接客と料理を経験し、築地で魚介や野菜も学んできた彼は、商店街の元花屋の物件で「マルショウ アリク」を開店。

角地で二面が開け放たれているから、近所の人がすいっと座って呑んで去るような、誰かを見つけて食べながらお喋りしていくような、公園のベンチみたいにさりげない酒場である。

長く店をつづけるとはどういうことか。

それは廣岡さんが「マルショウ アリク」を持つ前から考えていた命題だ。彼の足は自然と、長くつづく居酒屋に向かい、地元の人に混じって佇んだ。

そんなときに教えてもらったのが、バー「バッカス」だった。

店は、昭和三十五年開業の五十七歳。

店主の飯塚徳治《いいづかとくはる》さんは、昭和五年生まれの八十七歳。

三十歳でバーテンダーになる前は会社員で、特別お酒好きだったわけでもない。

「生きていくのに、それしかなかった。仕事が選べる時代じゃありませんから」

ニッカウヰスキーのお酒の講習会に通った後、すぐに独立。

洋酒もカクテルもほぼ独学と場数で覚えた。開業の場所が松陰神社前になったのは、都心の大きな街に店を構えるお金がなかったからだという。

日本における洋酒の貿易自由化なんてまだ先の話で、カクテルも手に入る材料で作るしかなかった時代。

ちなみに当時の庶民にとってウイスキーといえば国産、それもスピリッツを混ぜたモルト使用量の低い酒だったが、これを使ったハイボールは大流行した。

「（戦中戦後の）昭和は食うや食わずだったでしょう。この時代にがんばった人が、昭和三十年代に入ってから、少ーしお金を使えるようになった。カクテルやウイスキー〝らしいもの〟だけど、それでもバーの外に出たとき、いい気持ちだなぁ、と思って帰ってもらえたらいいなと」

住宅地のバーのお客は、企業の接待などでなく、自分のお金で酒を呑む。

高度経済成長期とはいえ景気の大波小波は絶えず立ち、その波をまともに食らう人々だ。

銀座のバーとは役割が違う。地元で飲みたい彼らの気持ちをいかにほぐすか、ほぐれてもらうか。ゆえにバーでありながら、「バッカス」は下駄やサンダル、Tシャツでもウェルカムなのである。

「ゆったりとした気持ちでね。だって、ここはゴルフ場じゃないんですから」

ときどき、飯塚さんはそんな風にくすっとさせる。「昔は渓流釣りが好きで、山に行っても女の人を追いかけた。山女《やまめ》ってね」という具合。
くすっとすると、人はほぐれる。

焦らないプリテンド

アルコール度数の高いカクテルは、飯塚さんに言わせれば、間《ま》を持って飲める酒。バーテンダーはゆっくりと話し、酒を飲む人のリズムと同調していく。

店主とお客はお互いに、相手を映す鏡だという。店主の気分が沈めばお客も沈む。

飯塚さんは半世紀以上毎日、浮き沈みのない淡々としたトーンでカウンターに立ってきた。いや、彼の言葉で言えば、そんな「プリテンド（ふり）」をしてきた。お客が一人も来ない日は焦りもするが、それが顔に出てしまえばガツガツした商売になる。だから、焦らないプリテンド。

「若いときはどうしても結果を早く出したいものです。でも、一日誰も来なかった分をすぐ次の日に取り戻そうとしても、うまくいきません。そのうちに、一年でトントンなら良しと考えるようになりました」

ずっと自分に言い聞かせてきた言葉は「なまける」。努力しないという意味でなく、肩に力を入れっぱなしではつづかない、という自分へのブレーキだった。

先にも書いたとおり飯塚さんは、ほぼ独学でカクテルの知識も技術も身につけた。今のように写真入りの親切な教科書もなければ、レシピはあっても酒がない時代に。試行錯誤によって血肉となったカクテルには、だから迷いがない。

たとえば、「ソルティドッグ」はグラスの縁に塩をつけるアメリカ式が主流だが、「バッカス」では酒の中に塩を溶かし、塩味を馴染ませるイギリス式。ウイスキー、レモン、炭酸からなる「ジョンコリンズ」には、ガムシロップでなく砂糖を使うことで「おいしい雑味」が入ると考える。

どのカクテルもやわらかな印象。それは半世紀以上の時間がつくり上げた味だ。

「カクテルは、本を読めば作れるものではありません。頭と舌はすぐには結びつかない。つけ焼き刃ではできません」

松陰神社通りの商店街は、木造二階建ての店舗が並んでいた頃から、店が開いたり畳んだりを繰り返してきた。そうして少々寂しくなっていた街に、数年前から新しい世代がやって来たのである。

「私は若い人のエネルギーをね、全部もらっちゃうんですよ」と悪戯《いたずら》っぽく笑う大先輩と、「おじいちゃんになってもこの街で暮らしたい」と願う新しい世代。

彼らはここで、「自分たちの街を愛する」という同じ意識でつながっている。

かつて昭和の東京オリンピックが開催されたのは、「バッカス」開店の四年後だった。そして二〇一七年の今、三年後に、飯塚さんは二度目の東京オリンピックを迎えることになる。「マルショウ　アリク」と、子どもや孫みたいな街の店々と一緒に。

二〇一七年七月号

僕

一九七八年生まれ

廣岡好和

Yoshikazu Hirooka

「アリク」とは「歩く」の古語であり、「在《あ》り来《く》」(変わらず在る)という意味もある。名のとおり、店主の廣岡さんは道を探して歩きつづけてきた人だ。地元・千葉でホテルマンの時代もあった。音楽活動をするために塗装、左官、クレーン操者のアルバイト、上京してカフェの接客と厨房も経験した。でも、どこへ向かえばいいかわからなかった。

転機は料理屋「アダン」とアジアン・レストランバー「クーリーズ・クリーク」での三年間だ。一九八〇年代から酒場文化を育んできた河内一作さんの二店で、いい店には「歪《ゆが》み」があると気づいた。うまい料理とお酒、いい空間と音楽、ほどよい接客。その均衡にわずかな歪みをつくること。微量の毒、気づかないほどの違和感とも言えるだろうか。どこでどういう歪みをつくり、店の空気をまとめていくか。それを察知することが自分は得意だ、と自覚してようやく役割を得た気がした。

独立前に、料理と接客以外の道も歩いておこうと築地市場で働き、ここで「料理より素材を追う」と腹が決まる。情熱ある牡蠣の仲買人と出会い、追う素材は牡蠣になった。一年中、日本各地の牡蠣を五〜十種類と、気の置けないおばんざいがある日々の酒場だ。

二〇一四年四月、「マルショウ アリク」が開店した頃から、世田谷線の松陰神社前には若い小さな店が集まってきた。一方で大先輩の店も健在。世代が分断せず、互いに行き交う光景がこの街には生まれていて、廣岡さんはその先頭を切っている。

昭和

昭和三十五年創業

バッカス

Bacchus ※閉店

飯塚徳治さんは昭和五年生まれ、世田谷区代田で育った。しかし事務員として就職した自動車整備工場は墨田区の外れ。七、八年勤めたが疲労が重なり、近場で仕事を探していた頃、寿屋《ことぶきや》(現・サントリー)の「トリスバー」や、ニッカウヰスキーの「ニッカバー」がサラリーマンの大衆バーとして快進撃。新聞の求人欄は端から端までこれらのバーが占め、企業主催の講習会も開催された。

三十歳のとき、飯塚さんはこの講習を受けて「バッカス」を開店。開けてから独学するのだが、カクテル本も稀少なら写真も無い時代、わずかな手がかりから知識と技術を得ていった。

昭和三十五年、松陰神社前、世田谷線の線路沿いに現れた「カクテルの店 バッカス」という看板。小さな店はグランドピアノのような流線形の天井、ペンダントライトやレースのカーテンなど、昭和中期の日本のプロダクトデザインが美しい。背もたれに白いカバーが掛けられたハイスツールは贅沢な木彫りの脚、その足のせは呑む人の靴底で磨かれた。創業以来、スプリングを替え、布を張り替え、修理しながら使いつづけてきた。

本当は、カウンターの飯塚さんの隣にはずっと妻がいた。「じじばばの店」なんて言われてね、と笑っていたが、独りで店に立つようになって十年後、二〇一六年に妻が他界。

そして二度目の東京オリンピックを再来年に控えた、二〇一八年七月、飯塚さんも妻のもとへと旅立った。

17

「おいしい」の向こう側へ

ソムリエ／イタリア
永島 農
「HIBANA（ヒバナ）」店主

僕 → 昭和

「丸千葉」（大衆酒場）南千住

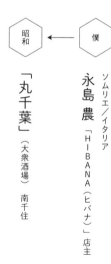

人あしらいの仕事

ボトルキープした金宮焼酎には、「ミスター」と書かれていた。栄光の背番号3。いや、ここでは青山の一軒家リストランテでエレガントにワインを注いでいる、永島農《ながしまあつし》さんのことである。この店へ通い始めて何度めかのとき、隣客が不意にこう訊ねてきたのだそうだ。

「ところで、名前なんて言うの」

「ナガシマです」

「じゃ、ミスターだ」

酒場では、あだ名がついたら一人前。そう言って永島さんは初々しく笑った。

南千住「丸千葉《まるちば》」は、彼が最も尊敬する大衆酒場である。ほぼ毎週、自分の休日、十四時の口開け（開店）きっかりに一人で訪れる。

「来るたびに、飲食店ってやっぱりいいなぁ、という気持ちになれるんです」

彼はイタリア料理店のサービス歴二十年。リストランテ「フェリチタ」の顔であり、ワインにもクラフトビールにも日本酒にも造詣が深い、もてなしとお酒のプロである。

その彼をして「憧れの接客」と言わしめるのが「丸千葉」の三代目、やっちゃんこと多田泰《ただやす》二郎《じろう》さんだ。

「新しい店は、いかに〝個〟をつくるかと発想します。でもやっちゃんは〝一体感〟をつくる。誰にでも開かれていて、平等。僕が目指しているのはそこです」

永島さん曰く「やっちゃん劇場」。

安く呑みたいとか、ただ酔いたいということじゃ全然ない。すべてはリストランテでのサービスに還すためだ。

「休日でさえ一秒も無駄にしたくない」という永島さんは、好きなアーティストのライブでも観るように、今日も「丸千葉」のコの字カウンターに腰掛ける。

この日、南千住の桑田佳祐（常連談）ことやっちゃんは「いやぁ、ごめんね、遅くなって」と何度も謝りながら登場。その瞬間から、まるで舞台の幕が上がったように酒場が勢いをつけていった。

全方位から飛ぶ注文の声を浴びながら、「アジフライは一皿二枚だけど、一人なら半分ほかのフライに替えようか」「卵焼きは甘いの？　しょっぱいの？」なんてお母さんのような気遣いを見せたり。

かと思えば、独り閉じているお客を艶っぽい話題でニヤリとさせつつ、あっちの会話をこっちに振って、人と人とをくっつけたり。

やっちゃん自身は、それを「人あしらいの仕事」と表現する。

「まったく別の個性と対峙して、人と人との接点を取り持つ仕事。この街で三十年もやってれば、見えてくる」

「丸千葉」は昭和三十年頃、祖父が開いた店だ。

高度経済成長期の真っただ中、それを現場で支える労働者たちは、全国各地からこの界隈に集まって来た。

肉体労働だから、味は濃いめ、量は多め、焼酎は強め。

彼ら「腹減らし」の食欲を満たすため、カツ丼やカツ煮、卵焼きに目玉焼きなど家庭の匂いのする料理が、細かな葉脈のように分かれ広がっていった。どんなに酔ってもメには白いごはん、おじやか雑炊をかきこむ。そういう時代だった。

絶対に誰も切り捨てない

ここは吉原《よしわら》と『あしたのジョー』の街。

酒も女も豪快に遊ぶ男たちの中で立ち回っていたのは、割烹着姿の母・サタ子さんだった。上手に言葉を選んで、お客の気を悪くさせない。

やっちゃんの人あしらいは、つまりお母さん譲りだ。

「彼らは口は悪いし、当たりも強い。でもね、道徳心は今の人よりあったよ」

やっちゃん曰く、たしかに言葉は荒っぽいけれど、たとえばトイレや入口の戸を開けっ放しにする人なんていなかった。

かつての日本人があたりまえに持っていた行儀や道徳心。今の新しいお客はおとなしいけれど、案外、基本的なことには気づかない。

言いたいのは、昔は良かったという話でも、世代や土地柄の違いでもない。

逆だ。「違わない」ということなのだ。

「人間、話してわからない人はいない。青山の人も、この街の人も、根っこのところでは結局同じってことです」

やっちゃんには、その確信がある。

今、誰もが横目で眺めるだけで会話を避け、人との関係をスポイルしてしまいがちな世の中で、彼はせっせと声をかけ、話しかける。

初めての人にはまた来てもらえるように、気難しいお客なら最後には笑って帰れるように。ぐでぐでに酔った人には、「また来てよ」。今日はストップしたほうがいい、でもあなたがノーサンキューなわけじゃない、の意だ。

もう来なくていいお客だなんて、誰に対しても思わない。絶対に切り捨てないし排除しない。なぜなら酒場に肯定されなければ、人は行き場が無くなってしまう。

やっちゃんの全肯定は、愛だ。

まだ明るい時間の「丸千葉」では、テレビに映る政治家の号泣会見に誰もがブーイングしている。と思ったらいつの間にか、アハハと笑い合う。

みんなと一緒に笑いながら、焼酎を緑茶で割りながら、永島さんは「おいしいって何だろう」と、ちょっと真面目に呟いた。

「僕は〝おいしい〟の向こう側が、確実にあると思うんです。味覚としての〝おいしい〟以上のものが。そこには必ず人がいて、人と人との関係性がある」

やっちゃん劇場へ、彼は愛を分けてもらいに行くのだと言う。それは温め育まれて永島さん自身の愛となり、彼の店へやって来るお客に注がれる。

もちろん、全員に、平等に。

二〇一六年四月号

僕

一九七四年生まれ

永島 農

Atsushi Nagashima

一九九〇年代、空前のイタリアンブームの洗礼を、高校時代に受けた。一九九五年の最盛期、六本木「サバティーニ」でのサービスを皮切りに、麹町「スカーラ」で二年、代官山「キアッケレ」で三年、二十七歳から青山「フェリチタ」で十五年。ひときわイタリア度の濃いリストランテでワインとサービスを学び、いつしか人を育てる立場になっていた。

この記事が掲載された後、「フェリチタ」は幕を閉じ、永島さんは二〇一七年九月、新宿区荒木町に紹介制のイタリアワインバー「ＨＩＢＡＮＡ（ヒバナ）」を開店している。

彼の軸足は、イタリアから動かない。だが学びの可能性はあらゆるお酒に求めている。ワインでも各国、日本酒、ビール、スピリッツ。ただし心が動いた酒であること。ひとたび動いたなら、地理や歴史を調べ、造り方や考え方を知るために産地へも出向く。同じように、接客の学びもあらゆる店にある。結果、当時青山の一軒家リストランテで支配人をしていた彼は、山谷《さんや》と呼ばれる街の大衆酒場に、自身が求めるサービスの本質を見つけたのである。

今、あらゆる飲食が「ジャンル」より「思想」で選ばれる潮流がある。ワインなら国やブドウ品種でなく、造り手が何を大切にし、どういう考えで造った一本かということ。だとすれば飲食店には、それらを編集する人が必要になる。

永島さんは、編集する注ぎ手である。「ＨＩＢＡＮＡ」へ向かうお客が求めるのは、ワインというより永島さんの心が動いた酒であり、彼が注ぐ飲みものなのだ。

昭和

昭和三十年頃創業

丸千葉

Maruchiba

創業年が「頃」となっているのは、もうわかる人が誰もいなくなってしまったからだ。戦後の混乱期、現在三代目となる多田泰二郎さんの祖父が、千葉から上京して開いた大衆酒場。「丸千葉」は屋号である。当初は浅草・言問《こととい》通りから旧遊郭の町・吉原へと延びる、千束《せんぞく》通り商店街あたりに店を構えていた。多田さんの言葉で言えば「男を上げる時代」。東京で商売繁盛させた父を追って息子たちも上京し、一家は屋号違いで四店舗を出すまでになったという。

昭和三十九年生まれの多田さんが物心ついたときには、「丸千葉」はすでに吉原大門近くの日本堤へ移った後だった。いわゆる山谷と呼ばれる地域である。安宿が密集するドヤ街（ヤドの逆さ読み）は、地方から仕事を求めてやって来た日雇い労働者で溢れていた。血気盛んな昭和の時代は喧嘩や暴動、物騒な事件も日常茶飯事。だが一方では、男気や義理人情という言葉が生きている街でもあったという。

時代が移り、日本堤を含む南千住は今や、外国人旅行者や日本人の若い世代も訪れる街になっている。「丸千葉」には女性のひとり客も来るし、料理人やソムリエなど飲食業界人のファンもじつに多い。なぜか？　多田さんが毎日市場で仕入れる新鮮な魚や野菜、豊富なメニュー、一品のボリュームもさることながら、何と言っても彼の「客あしらい」の巧みに尽きる。多田さんの主義は、「平等」。それは山谷という町で、社会的不平等な労働者の腹を満たしてきた「丸千葉」に受け継がれる意地でもある。

18

今すぐにはつくれないもの

僕 → 昭和

ソムリエ／イタリア

阿部 努「ロッツォシチリア」オーナーソムリエ

「名曲喫茶ライオン」（名曲喫茶）渋谷

ひんやりした水に手を入れたときの感じ

太陽を浴びるようなシチリアのトラットリアと、教会のごとき神聖さの名曲喫茶。どう考えても全然交わらないように思えるけれど、「ロッツォシチリア」オーナーソムリエ、阿部努《あべつとむ》さんをして、

「僕にとって『店』の象徴。店に望むものが全部そこにあった」

そう言わしめるのが「名曲喫茶ライオン」である。

路地裏好きという、根は意外に地味な阿部さんは十五年ほど前の真夏、渋谷・道玄坂界隈を探検していた。するとタイムスリップしたかと思うほど古い店が建っている。石造りの壁、木枠のドア、外国の古城みたいな造り。

中から微《かす》かにクラシックが聴こえた。ドキドキしながらドアをギギーッと開け、狭くて急な階段をギシギシ上がる。と、息を呑んだ。

「吹き抜けに巨大なスピーカーがあって、そこに向かって全員が、教会のように同じ方向を向いている」

ひんやりした水に手を入れたときのような感じ、がしたそうだ。外の日照とは隔絶された、別世界がそこにあった。

創業は昭和元年。会津の造り酒屋の息子、山寺弥之助《やまでらやのすけ》さんが二十四歳で開いた店である。渋谷駅前にはまだハチ公も無く、馬車が走っていた時代。道玄坂の上は料亭が立ち並ぶ華やかな一角だった。この店も当初は女給さんが接客するハイカラなカフェーで、蓄音機ではクラ

シックでなく、流行歌をかけていたという。

「昔恋しい銀座の柳〜♪ってご存知？」

三代目の石原圭子《いしはらけいこ》さんが綺麗な声で口ずさみ、教えてくれた。

圭子さんによると、あるときお客が「かけて欲しい」とレコードを持参した。それが〝クラシック〟なる音楽。たいそう気に入った初代は、流行歌からクラシック専門に振り切ってしまったという。

蓄音機もレコードも、まだまだ超高級品。音楽は家でなく、機材を持っている店や特別な場所で、みんな一緒に聴いた時代だ。

やがて日本は第二次世界大戦に突入し、昭和二十年の東京大空襲で渋谷は焼け野原になった。「ライオン」も全焼。しかし終戦五年後、初代は意地でかつてと同様に再建している。

地下一階、地上三階。三メートル以上もの「立体再生装置」、今で言う3D音響システムはパイオニアの技師が作り、レコードは新橋の闇市などでGHQ放出品を買った。

圭子さんが二代目・石原宗夫《むねお》さんの下《もと》に嫁いできたのは、昭和三十三年のことだ。

「お客さんにはそれぞれお気に入りの席があって、詰め襟を着た高校生たちなんかは二階の最前列にずらりと並んでいてね。裏に映画館が三つもあった時代はデートコースでした」

壁にこっそり相合傘を落書きするカップル、「モーツァルトおじさん」と呼ばれていたクリーニング屋、風呂敷包みのレコードを抱えて来る地方の人。当時クリスマスと大晦日は、なんと朝六時まで営業していて、しかも映画館のような入替制。

さまざまな年齢や職業の人が同じ方を向いて並び、そして誰もが夢中で音楽を聴いていた。

好きなもので固めたい

現在の建物は戦後のオリジナルだ。

驚くべきは、この独特の世界観を初代が自らつくり上げたということである。ロマンティックなレリーフが施された柱や天井に、シャンデリアが灯る内外装デザイン。看板の絵や文字、ロゴマークの木彫りに至るまで、すべて自作。

画家になりたかったという初代にとって、おそらく、店は彼の表現そのものだったのだろう。

「美術大学を出たわけでもなく、ヨーロッパに行ったこともないのにね。本当に多才な趣味人でした」

「ロッツォシチリア」に行ったことのある人なら、ここで共通項が見えてきたかもしれない。阿部さんもまた、ロゴデザインもメニュー表も内装も、あらゆるものが自作の人だ。

曰く、人に任せちゃ意味がない。

「だって好きなもので固めたいからお店をつくったんです。自分のイメージするものを、自分で好きなように。嫌いなもの、違う価値観のものは空間に一個も入れたくない」

店主の「好き」を集めてこそ、店にリアリティが生まれると彼は言う。

それは店の人格と言い換えてもいいだろうか。

阿部さんが憧れる店とは、非日常であること。ただし誰かがそこに居て、過ごした痕跡が必要なのだとか。つまり経年。すり減って丸まった木の角、座ってへこんだ椅子の座面が、逆に、非日常感をつくると考える。

「だって『ライオン』さんの、時間を経た建物も空気感もお客さんも、全部が絶対に今すぐつくれないものです。色っぽいんですよ。色気って若くて健全なものにはない、古いものにしかないと思う」

だから五年前に立ち上げた「ロッツォシチリア」には、木、ガラス、鉄など、経年によって「劣化」ではなく「味を増していく」素材を選んだ。古紙や昔の木製フィルムケースを飾ったりして、「時間の手触り」もそこへ置いた。

音にも共通項がある。

静寂の「名曲喫茶ライオン」と喧噪の「ロッツォシチリア」だが、じつはどちらも「誰も何も突出していない」という意味では同じ。全員のトーンが一緒であれば、静寂も喧噪も一周回って無音と同じ感覚になるそうだ。

「誰一人、場違いな音を出していない、という状態が心地いいんです。僕の店はみんなが同じトーンのガヤガヤ、『ライオン』さんも同じ質の静けさを持っている」

クラシック音楽をみんなに、いい音で。

「名曲喫茶ライオン」は、居合わせた全員が等しく分け合ったところに生まれる幸福を実現した店である。

空間も、時間も、音も、望むものがすべてある——九十歳のその店を、彼は「最上リスペクト」と呼ぶ。

二〇一六年十一月号

僕

一九七四年生まれ

阿部 努

Tsutomu Abe

北海道・札幌の大学で文化人類学を学びながらラグビーに励み、夜はすすき野のバーやファミリーレストランでアルバイト。阿部さんは、料理人になるために上京した。一九九八年、雇ってもらった西麻布「ラ・ベンズィーナ」は、イタリア帰りの石川勉シェフ率いるトラットリアだった。最初はサービス、いずれは厨房へ……のはずが、シェフの独立とともに「トラットリア ダ・トンマズィーノ」から「トラットリア シチリアーナ・ドンチッチョ」へ、いつの間にかサービスの要になっていた。

その阿部さんが、やはりチーム石川の同期・中村嘉倫《なかむらよしみち》シェフとのコンビで、白金高輪にシチリア料理店「ロッツォシチリア」を開店したのは二〇一一年。独立を前にした一年間、さまざまな飲食店を訪れ、分厚いノートを広げては何やら書き込む彼を見たことがある。メモしていたのは情報と言うより、自身の琴線に触れた些細なことばかりだった。その場の空気を吸い込んで、受け容れ、咀嚼《そしゃく》した言葉やイラスト。それらはいつか別の形になるかもしれないし、ならないかもしれない。

けれど確実なのは、今、彼のつくった「ロッツォシチリア」が、店のお客だけでなく地元の人々からも愛されているということだ。阿部さんは寝る間を削り近隣の飲食店を巻き込んで地元のお祭りを開催したり、商店街のパンフレットに登場したり、密かに町内の清掃も行っている。一人勝ちの発想でなく、「街のために何ができる?」「飲食店の役割は?」そういうことを本気で考えている、じつは硬派なトラットリアである。

昭和

昭和元年創業

名曲喫茶ライオン

Meikyokukissa Lion

初代・山寺弥之助さんは明治三十五年生まれ。会津の造り酒屋の息子だったが、戊辰《ぼしん》戦争により家財を失い北海道へ。自力で資金を作り、二十四歳で「ライオン」(当時)を創業。当初は渋谷でも並木橋近くにあったが、数年後に道玄坂へ移っている。

第二次世界大戦の際、東京大空襲で「ライオン」は全焼してしまった。だが初代は来《きた》るべき日のためにスコップや大工道具、珈琲に必要な砂糖などを穴に埋めていたそうで、自分の手でコツコツと店をつくり、五年後にいち早く再建。しかし周囲にはまだ立ち直れない店も多い。街が早く復興できるよう、初代は道玄坂の清掃を一人で始め、それは長い間つづいた。

店名は、初代の従兄弟がパン修業をしていたロンドン「ライオン・ベーカリー」から。そこで蒸し釜で煮る珈琲を覚え、豆とともに持ち帰った。沸かしては置き、を二度繰り返してからネルドリップで漉す。淹れるのに一時間半かかるが、今もそのままだ。

現在三代目の石原圭子さんが、二代目の宗夫さんと結婚したのは昭和三十三年。映画の観客動員数が十一億人を超えた、まさに映画黄金期、店の裏には映画館が三つもあったという。

「名曲喫茶ライオン」は、映画の帰りに珈琲を飲んで音楽を聴くデートコースでもあった。当時は地階から三階まで二百人以上が席を埋めたが、現在は一、二階のみ、それでも一三〇席。レコードの枚数は、二十年前に数えてざっと五千枚。じつは嫁いでからクラシックを聴き始めたという圭子さん、好きな指揮者はフルトヴェングラーだそうだ。

19

ゆったりと流れる大河のような

僕 → 昭和

ソムリエ／イタリア
田村理宏 「モンド」シェフソムリエ

「銀座レカン」（フランス料理）銀座

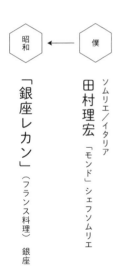

「察する」というサービス

自由が丘のイタリア料理店「モンド」のソムリエ、もしかしたら根っからイタリアワインの人として知られているかもしれない田村理宏《たむらまさひろ》さんの原点は、じつはフランス。それも王道、創業四十四年になるフランス料理店「銀座レカン」である。

二十三年前、彼はワインを学びたい一心で宮城県仙台から上京、いきなりハイエンドなレストランの門を叩いた。

「僕には足りないものだらけでした」

二十二歳だった。それまで地元ホテルのレストランで働きながら、給料をフランスの旅とワインだけに遣い切ってきた青年。

当時「銀座レカン」支配人の由良孝《ゆらたかし》さんが面接すると、ワインへの情熱は人一倍だと感じたが、仙台訛《なま》りが強かった。彼が志望しているのはアール・ヌーボーの優雅な舞台を司るサービス職だ。にもかかわらず由良さんは、すべてをもって「田村理宏くんの個性」と受け容《い》れる。

「レカンのサービスは、個々の力です。マニュアルやシステムでは動かない。こうじゃないから駄目、ではなく、その人間にしかできないこと、持っているスタイルのほうを伸ばすべきだと考えます」

由良さん曰く、サービスは人に優しくして対価をいただく変わった職業。

だから電車で困っている人に席を譲れる、「どうぞ」が自然と声に出る人なら向いている。

逆に寝たふりをするような人は、いくらお店で繕《つくろ》っても本質は漏れ出てしまう。仙台訛りの青年は前者、それが採用の真相だ。

「銀座レカン」の開店は昭和四十九年、由良さんは五年後の入社である。日本にまだカジュアルフレンチなるジャンルが無い時代、フランス料理といえばホテルか、数少ない街場の高級店だった。経済力を手に入れた日本人はフランス料理に憧れ、さらに「銀座でお食事」はその頂点。

彼らにとって真に銀座とは、老舗百貨店「和光」や宝飾店「ミキモト」などが集まる銀座四丁目を指す。

このエリアで看板を張る以上、由良さん自身はサービスマンとして「野暮じゃないこと」に努めた。一握りの東京人が一張羅《いっちょうら》をぱりっと着て、いい靴を履いて出かける特別な場所なのだ。昭和の「銀座レカン」にはそんな意気揚々とした人々が昼も夜も五十席を埋め尽くし、昼には二回転するほど。

「創業当時、ご両親に連れられていらしたお嬢様が、今、お孫さんといらっしゃっても私たちにはずっと〝お嬢様〟」

そう語るのは昭和六十一年から三十二年間、現場に立ちつづける小泉昭彦《こいずみあきひこ》さんだ。ご指名の顧客も多い彼のサービスから、田村さんは「察する」という在り方を学んだ。

「たとえば今のサービスは、お味はいかがですか？　寒くないですか？　など何でも訊いちゃうでしょ？　どうなのどうなのって。でも小泉さんは、察する。人を見て、予測して、先に動くんです」

表情、目線、仕草、声、お客が発する些細なサインを、まずは見逃さない。そこから、今何をして欲しいのか、どの距離感がベストかなどを「察する」。マイナスをつくらないことを至上とする。そう田村青年は理解した。

前へ出ない接客は、ブラボー！　と讃《たた》えられるより、マイナスをつくらないことを至上とする。


絶対的な安心感。その土台無くして、個々の満足へと引き上げることなどきっとできない。

「平等って、全員を同じに扱うことではないんですよね。求めるものが小さい人に大きいものを与える必要はなく、むしろ見合った大きさであること。それがその人に合ったサービスなんだなと」

「銀座レカン」以降、田村さんはフランス料理、イタリア料理、ポルトガル料理の店でソムリエを務め、それぞれの国のワインを存分に学んできた。

由良さんは、田村さんが店を移るたびに訪ねては、成長を見守ってきたという。

「田村くんはどの店に行っても一貫して、かしこまったレストランサービスをしようとはしないですよね。面白いワインを純粋に勧めたいんだな、と思いますし、もうすでにそのファンがついています」

フランス料理が進化する限り

ところで「銀座レカン」には、じつは創業時から作りつづけている料理が一品もない。なぜなら、「フランスの料理自体が進化しつづけているから」だと由良さんは言う。

「レストランは料理ありき。ですから料理が進化する限り、我々も停滞してはいられない。今も右往左往していますよ」

初代ロベール・カイヨー氏から、歴代シェフは「シェ・イノ」井上旭《いのうえのぼる》氏、「ヴァンサン」城《じょう》悦男《えつお》氏、「ギンザ・トトキ」十時亨《とときとおる》氏など錚々《そうそう》たる面々。現在は七代目、渡邉幸司《わたなべこうじ》氏。シェフが代われば個性が変わり、「銀座レカン」の料理も変わる。

ただ、先端を行き過ぎない料理であること。それだけは常に守られてきた。レカンがレカンであるために引かれた一線、その抑制がブランドを守る。

緩やかに変わりつづけながら、人々が期待するイメージも信頼も変わりなく、揺るがない。

その存在は、ゆったりと流れる大河のようだ、と田村さんは表現した。

「最近勢いのある店が激流の川だとしたら、レカンは大河。大河は必要なんです。太い流れからは支流も生まれる。細い川もいずれ大河になり得るけど、それも長くつづけられてこそですよね」

昭和の時代、東京のフランス料理熱をともに高めた「マキシム・ド・パリ」も「レンガ屋」も、今はもう無い。

僕はビートルズよりローリング・ストーンズが好きなんです、と田村さんはつづける。理由は音楽性とか何とかじゃない。

「継続しているから」

シンプルなのに極めて困難、だから偉大。彼にとって、「銀座レカン」は、永遠のザ・ローリング・ストーンズなのだ。

二〇一八年七月号

僕

一九七三年生まれ

田村理宏

Masahiro Tamura

田村さんは、誰かを羨《うらや》ましいと思うことが無いという。そうだろうな、と思った。彼はみんなが歩くほうにも行かないが、だからといって避けることもない。「みんな」そのものを気にしていないと言うべきか。

ほとんどが大学へ進む仙台の進学校を出て、ホテルに就職。そのフランス料理部門でワインを知った。「ブドウ品種や産地や造り手によって、こんなにも味が違うものなのか」と一気に惹き込まれ、十九歳から二十二歳までの間に四度も、フランスへ一人旅に出ている。畑やワイナリーを巡ることが情熱のすべてだった。

上京後はフレンチの「銀座レカン」「シェ松尾」、イタリアンブーム真っ盛りの「マンジャペッシェ」で働いた。まだナチュラルワインという言葉も無かったこの時代、彼はいち早く店で扱っている。その後ポルトガル料理店「マヌエル カーサ・デ・ファド」で未開のワインを現地買いつけから扱い、二〇〇八年よりリストランテ「モンド」開店と同時にシェフソムリエに就任。今年で十年が経つ。

自分の頭と舌と感性でワインを覚えてきた田村さんに、目指している人はいますか、と訊いてみた。「デヴィッド・ボウイ」と返ってきた。その心は、「演者である」こと。音楽でも芝居でも、作品によって彼はカメレオンのように演じ分けるけれど、その芯はやっぱりデヴィッド・ボウイ。飲食業では「みんな」独立したがるけれど、田村さんは経営にも自分の城にも興味が無い。なぜなら店は舞台、彼はパフォーマーとして対価を得たいのだ。

昭和

昭和四九年創業

銀座レカン

Ginza L'écrin

一九七〇年代、フランスではヌーベル・キュイジーヌの波が起こっていたが、東京ではまだクラシックなフランス料理さえ特別な存在だった。

「銀座レカン」は一九七四年、真珠で知られる「ミキモト」のビル建設に伴って、その地階に開店している。

当時、パリの三つ星「マキシム」を再現した「マキシム・ド・パリ」がすでに銀座・ソニービルの地階にあったが、一般には、フランス料理といえばまだ圧倒的にホテルでいただくもの。現地で修業した日本人コックの凱旋ラッシュが始まり、東京が街場のフランス料理店時代に突入するのはもう少し先の話だ。

そのなかで「銀座レカン」が、フランスの三つ星「トロワグロ」ほかで修業した井上旭シェフを二代目に迎えたのは開業二年目。以降その長い歴史の中で、後に活躍することになる数々の料理人やソムリエを育て、日本のフランス料理界に輩出してきた。

人々が「銀座レカン」に求める大切な一つに、「格式」がある。銀座四丁目、名だたるシェフの系譜、品格を備えた客層、それらはレストランのDNAとして現在まで脈々と流れている。

ビルの建て替えのため二〇一五年から休業、二〇一七年よりリニューアル・オープンした「銀座レカン」はモダンに生まれ変わったが、その優美さは現代性を持って引き継がれた。

なお、地下二階のバーには、レカン・レッドと呼ばれる華やかな紅の絨毯や、創業時に設えたアール・ヌーボーの調度品が遺されている。

20

父の仕事を愛する

僕 → 昭和

ソムリエ／フランス

進藤康平

「ボン・ピナール」オーナーソムリエ

「天茂」（天ぷら）赤坂

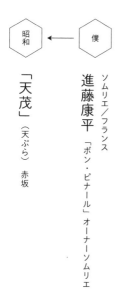

時流に揺るがない、茶色いかき揚

フランスワインのプロにして、そのスジの人も舌を巻くブルゴーニュ愛。「ボン・ピナール」のオーナーソムリエ、進藤康平《しんどうこうへい》さんは、しかしワイン以外に日本酒もよく呑むし、西洋料理だけでなく鮨でも天ぷらでもよく食べる。

意識して、舌で「日本」を学んでいるのだ。

「僕の店はフランスの料理とワインだけど、日本でやっていく上で、食材や料理の季節感だとか、日本人ならではの感覚を身体に叩き込みたい」

修業時代、勤め先があった銀座は良い先生の宝庫だ。天ぷらは最高峰といわれる店まで食べ歩いたが、当時の主流は断然、「白い天ぷら」だった。たとえ胡麻油で揚げる江戸前天ぷらであっても、焙煎しない太白胡麻油など白い油を使い、燻香を抑えて軽さを求める方向性。

けれど独立後、赤坂で食べた「天茂《てんしげ》」のかき揚丼は突き抜けた茶色い天ぷらで、表面もバリッと揚げきっている。

時流に揺るがない昭和の味が、堂々としていた。

「丼つゆもしっかりした濃い味です。でも柚子皮の香りが、濃さをふわっと逃がしてくれる。重いと感じる前に気持ちを逃がすというか。そのバランスが見事。ボリュームたっぷりでも、油もの食べちゃったなぁなんて思わせない、すばらしい仕事です」

揚げているのは女性の天ぷら職人、高畑粧《たかばたけさ》由里《ゆり》さん。「天茂」は、父の倉茂富夫《くらしげとみお》さんが昭和三十九年に開業した店だ。

初代は数寄屋橋《すきやばし》にあった「天一《てんいち》」で修業し、二十八歳で独立。若き店主が「同世代にも気軽に天ぷらを食べてもらいたい」と思案した、それがお昼のかき揚丼と天丼だった。焙煎した胡麻油に綿実油を加え、食べやすく工夫したという。

当時は二階建ての木造家屋。二階が住居で一階が店舗という典型的な商店建築だったが、八年後、赤坂の再開発のため現在のビルに移転した。

高度経済成長期には「小憎さん」がいて忙しく動き回り、「天茂」の店主は名人と謳《うた》われ、バブル期も元気な大人たちで賑わった。

富夫さんが心筋梗塞で倒れたのは、その最盛期だ。幸い命は助かったものの、退院後も後遺症が残り、体調は悪化の一途を辿った。英語教師をしていた粧由里さんが学校を終えてから店を手伝うも、かけもちでは間に合わなくなっていく。

「もう私が継ぐしかない。背水の陣ですよね。やって駄目なら仕方がない」

三十一歳の彼女は、教師を辞めて天ぷら職人になった。

それから二年半、父は残された時間が長くないことを覚悟していたのか、娘に手取り足取り仕事を教えたという。

たとえば才巻海老《さいまきえび》なら、芯がマッチ棒一本分だけ生の状態で引き上げ、半紙の上で火を通すこと。食感と甘味を最高値にもっていく塩梅、引き上げたときの感触、それを覚えておくように。今日はうまく揚がったね、今日はかき揚が大き過ぎるぞ、と毎日言葉を添えて。

「最初に言われたことは、〝心を込めて丁寧に揚げなさい〟でした。お客さんに必ず伝わることだから、技術より前にそれが一番大事だと」

今でも、注文が重なり仕事が急ぎがちになると、その声が聞こえてくる。

天ぷらの神

「天茂」のかけ揚丼の原則は「熱々の三位《さんみ》一体《いったい》」。ごはんは炊きたて、丼つゆは煮たて、かき揚は揚げたて、である。

カウンターに立つ粧由里さんの横には、常に母の和子さんが小鍋で丼つゆを煮詰め、アクを取りながらスタンバイしている。

娘が頃合いのかき揚を油から上げ、油切り網にのせる。瞬時、母が受け取って小鍋の中へ。打ち立ての真っ赤な鉄を水に入れるがごとく、熱々のかき揚はじゅわーっと声を上げ、丼つゆはぶくぶくっと泡を立てる。

浸ける時間が長ければしょっぱくなるし、短くてはもの足りないから、和子さんは丼つゆの濃度も見極めながら引き上げのタイミングを計る。

その呼吸は、母娘の間で自然に築かれたものだ。

母も娘も、ただ、父の教えに忠実であろうとした。毎日二升分、鰹と昆布で出汁を引く丼つゆは継ぎ足して、レシピはもちろん調味料の銘柄も替えない。

進藤さんに響いたのは、ここである。

「新しさを求めがちな世の中で、移ろわずに、昔からの仕事をやりきるすごさ。教わった仕事を愛しているんだなと感じます。長くつづけられること自体が、きっとそういうことだと思う」

「天茂」は創業から半世紀以上が経ち、粧由里さんの天ぷら職人歴も二十二年になる。そろそろ職人として自分の個性を打ち出そうという欲は、しかし彼女には無いと言う。父の仕事も変えたくない。なぜだろう。

「天茂」の味を守るため？　そう訊ねると、粧由里さんは首を振った。

「父は私にとって、天ぷらの神なんです」

富夫さんは、粧由里さんによくこう言っていたそうだ。

「味は一代」

その味は、その人にしか作れない。だから自分と同じである必要はない、あなたはあなたの天ぷらを揚げなさい、という意味である。

「自分と同じ味にできるわけがない、と思っていたのかもしれませんが。それでも私は、父と同じ天ぷらを作りたいんです」

父になりたい、という風にも聞こえた。

近づきたい、そこまで行きたい。それが、職人としての彼女の気概である。

粧由里さんは挨拶をするとき、富夫さんの名刺を差し出す。「天茂」は、今も父の店。今日も一緒に店に立ち、師が仕事を見ている気持ちで天ぷらを揚げている。

二〇一六年七月号

僕

一九七一年生まれ

進藤康平

Kohei Shindo

二〇〇五年十一月。南麻布のひっそりとした一角、ビルの地下に「ボン・ピナール」がオープンした。カウンター・フレンチという気軽な入口でありながら、ワインも料理もガストロノミー級。そのカウンターにはワインセラーが埋め込まれ、ワインラヴァー垂涎のボトルが並ぶ……という演出もさることながら、同業者を驚愕させたのはワインの値付けだ。

慣習的に、レストランのワイン価格は仕入れ値の二・五〜三倍、高級ワインになるほど粗利が大きくなるところ、進藤さんはすべて仕入れ値+店の仕事代として一律の金額をいただくシステムにしたのである。英断にして極めて真っ当な考えが業界内外に波紋を起こし、これ以降、「ボン・ピナール」式の店が次々と現れることになる。

ソムリエの進藤さんと、妻でシェフの聡子さんはともに銀座「ル・マノアール・ダスティン」五十嵐安雄《いがらしやすお》シェフの下で修業。進藤さんはフランスへ渡り、ワイナリーで醸造とブドウ栽培を二年経験。帰国後、二〇〇三年に華々しくオープンした六本木ヒルズの目玉、「ラトリエ・ドゥ・ジョエル・ロブション」のシェフ・ソムリエを二年半務めた。

その後夫婦で独立。仕事も趣味も兼ねて、休日はいつも一緒に食べ歩く睦まじい二人である。進藤さんは秋田出身、日本酒の遺伝子もしっかり組み込まれ、首尾範囲は高級鮨屋から大衆酒場まで幅広い。一昨年、聡子シェフは産休を経て現在は復帰。「ボン・ピナール」は今年で十三年目を迎えた。

昭和

昭和三十九年創業

天茂

Tenshige

初代・倉茂富夫さんは昭和十一年生まれ、天ぷらの老舗「天一」で修業を積んだ叩き上げの職人だった。東京オリンピックが十月に開催された二ヵ月後、富夫さんは独立して「天茂」を赤坂に構えた。一人娘の粧由里さんは、やはり同じ年に生まれている。

二十八歳の若き店主が営む「天茂」は、昼間は近隣の会社員がささっと丼をかきこみ、夜は大使館や官庁関係者も訪れる店。そして倉茂さん独特の揚げ方による天ぷらを求めて、昭和の食通たちが遠くからもやって来たという。

しかし五十六歳の若さで、心筋梗塞に倒れてしまった。当時、娘の粧由里さんは二十六歳。前年から高校で英語を教え始めたばかりで、昼間は学校、夜は店を手伝った。「味は一代」が信条だった父から、跡を継いで欲しいと言われたことはない。だが顧客のほうが黙ってはいなかった。「技術を継承できるのはあなただけ」「今なら間に合う」「つづけて欲しい」。

粧由里さんには次第に使命感が生まれた。三十一歳で教職を辞し、天ぷら職人になると心が決まった。当初、自信の無さがお客にも伝わり、厳しい言葉を浴びた彼女も今や熟練の域。接客を担当する母・和子さんとの分業と呼吸も絶妙の間合いである。

「しょっちゅう喧嘩をするし、どちらも譲らないけれど、絶対的な信頼感がある」と言った後、粧由里さんは「信頼以上かな」とつけ足した。家族でしか築けない関係がある。そして母娘二人の真ん中には、「天茂」そのものとなった父が居る。

21

受け容れる力

僕 → 昭和

ソムリエ／フランス

戸田健太郎

「オルディヴェール」オーナーソムリエ

「ビストロ喜楽亭」

（カレービストロ）三宿

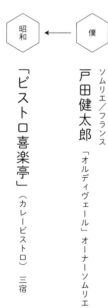

望まれたことに応えたい

九年前、西麻布のフランス料理店「ル・ブルギニオン」のソムリエになって一年目のことだ。戸田健太郎《とだけんたろう》さんはときどき、仕事終わりの小腹を満たすために「ビストロ喜楽亭《きらくてい》」でカレーを食べた。

自転車で帰る途中、二十四時過ぎにも寄れる店を探していたら、246沿いに見つけた緑の看板とルビー色のネオンサイン。蛍光灯のチェーン店が多い三宿《みしゅく》の街で、ひときわ個性を放っていた。

「チェーン店より個人店が好きなんです。選択肢の少ない深夜でも、手仕事のおいしさを選びたい」

ビストロという名前なのに、入ってみれば怒濤《どとう》のカレーメニュー。「ビンダールかれー」なるものをチョイスすると、南インド風との説明とは裏腹に、欧風ビーフカレーにトマトの酸味が混ざったちょい辛め。

でも、温かい味だなと思った。

それから何度も通っては、こればかりを食べている。日によってライスの炊き上がりが微妙に違ったり、作る人によってフライドオニオンも「こんなにたっぷりかかってたっけ?」と思うこともある、そういうことに安心する。

「昔から在る店には、人を惹きつける何か、包容力のようなものがありますよね」

昭和六十一年、「ビストロ喜楽亭」は脱サラして焼鳥店を営んでいた初代・大久保秀喜《おおくぼひでき》さんが、フランス料理人と組んで新たに開業した。だからビストロ。カレーはランチ限定のメニューが評判になって、夜にも加わったものだ。

「せっかくディナーで食べてもらうなら、ご褒美《ほうび》感のあるものを」

初代とシェフは、そう考えて「つぼ焼き」というプレゼンテーションを閃いた。

注文ごとに陶製の壺でソースを作り、グラグラに熱してテーブルへ運ぶ。カレーの品数、約二十。それが今や三十品になり、目玉焼きや豆腐などのトッピングも二十五種類に増え。

なぜ増えつづけるかと言うと、「望まれたことにはできる限り応えたい」という初代の意志があるからだ。

バラエティは賑やかでも、カレーはフランス料理人のレシピである。

手順はまず、牛すね肉でブイヨンを取ることから始まる。ベースのカレーを三日煮込んでひと晩寝かせ、赤ワインに漬けた牛肉と煮込めば「ビーフカレー」。スパイスでマリネした鶏肉と煮込めば「チキンカレー」。このビーフとチキンを基に、さらにさまざまなカレーへと枝分かれさせていくのだ。

小麦粉を使う、いわゆる欧風だが、小麦粉の分量が少なめだから食後の胃は案外軽い。

「特別な食材を使うわけでも、大それた仕事をするわけでもないけれど、時間と手間をごまかせば必ず料理に表れる。そういう嘘をついてはいけない」

長男で二代目の宏泰《ひろやす》さんにこの言葉を託し、初代は現在、長野で畑を耕している。採れた玉葱や人参などの野菜は、もちろん三宿でカレーになる。

距離感と温度感

宏泰さんは、生まれも育ちも、ここ三宿だ。

子どもの頃、野原さえあった住宅地はバブルを境に激変した。六本木や西麻布で遊んだ人たちが辿り着く最終地点。朝まで営業するバーが増え、深夜の街といわれるようになった。

「ビストロ喜楽亭」は、昼十一時から深夜二時までずっと開いている。

ランチとディナーの間、遅過ぎる夜、誰もが〝普通の時間〟に食べられるわけじゃない。増えつづけた品数同様、この店は普通の時間からはみ出した人々を受け容れる。それはつまり、それぞれの事情を背負って訪れるお客を裏切らない、ということでもある。

華やかなレストランで最後のお客を送り出し、戸田さんは自転車を漕ぐ。

「どんなに疲れてボーッとした顔をしていても、ここでは誰も気にしないし、そういう自分が気にならない」

でも、決して冷たくは感じない。

長い年月がつくってきたその距離感と温度感は、今日の反省や明日の備えを練るのにちょうど良かった。

新人の自分より長く店に通う顧客と、どう接すればいいか。あの人にはどんなワインを薦めようか。どういう勧め方をされたい人なのか。

自宅に帰ると気が抜けてしまって、どうしても「気づきが足りなくなる」。職場と家の境界にあるこの時間が、若いソムリエを育んだ。

二〇一七年八月、戸田さんは独立した。

「ワインと料理の楽しさを、どうしたら気負わず味わってもらえるだろう？」

フランス料理店「オルディヴェール」は、その自問に対する、現時点での答である。けれど開店してみれば、いっそう新たな問いが次々と湧いて出る。

記念日でも落ち着いて食事を楽しめ、グループでも気軽に過ごせ、一人でふらっと一杯に一皿でも立ち寄ってもらえるフレキシブルな店。であれば、それぞれへのサービスは、どうすればいいか。どんな事情の人にも心地良いと感じてもらえる距離感、温度感はどこにあるか。

彼は先日、久しぶりに「ビストロ喜楽亭」に行ってみた。

「時代が移っても人が通いつづける理由は、きっと表面的なことじゃない」

一年生のオーナーソムリエは、相変わらずちょい辛の「ビンダールかれー」を食べながらそんなことを思った。

そう、誰もが「相変わらず」と言うカレーもじつは三十年、マイナーチェンジを重ねている。

包容力とは、人を受け容れる力とは、一体何なんだろうか。

二〇一八年二月号

僕

一九八〇年生まれ

戸田健太郎

Kentaro Toda

二〇一七年八月に開店したフランス料理店「オルディヴェール」は、菊池《きくち》美升《よしなる》シェフ率いる「ル・ブルギニオン」出身のソムリエ・戸田さんと、井上旭《いのうえのぼる》シェフ率いる「シェ・イノ」出身の料理人・飛松裕之《とびまつひろゆき》さんというコンビが世間をときめかせた。ともにフランス料理界の宝の店で修業した実力を持つ、一九八〇年代生まれである。

戸田さんは鳥取県出身。いずれは地元で飲食店を開くつもりで上京し、まずは料理修業。一流といわれる料理店には自分なんか入れない、そう思い込んでいた。店を持つなら接客も必要だろう、と考えてアルバイト情報誌を開く。すると「オザミ・デ・ヴァン」の丸ビル新店舗「オザミ・トーキョー」でサービススタッフ募集中。一流店だけどアルバイトなら入れるかも……と恐る恐る応募。

この店で、戸田さんは初めてワインをめぐる楽しい世界があることを知る。働くスタッフも、呑むお客さんも根っからのワイン好き。自分の勧めたワインで喜んでもらえる、という喜び。二十一歳の戸田さんは「がんばりたい」と思った。

サービスに道を定め、ソムリエも務めた。二十六歳から「ル・ブルギニオン」で十年、マネージャーも務めた後、三十七歳で独立。白金高輪「オルディヴェール」は、コースでもアラカルトでも自由なレストランであり、遅めの時間はワインバーになる。料理とワインのかけ算を楽しむ、高い技術を伴った「心から」のサービスを、エプロン姿の彼は惜しみなく務めている。

昭和

昭和六十二年創業

ビストロ喜楽亭

Bistro Kirakutei

初代・大久保秀喜さんは昭和二十年生まれ。料理が趣味の会社員だったが、三十八歳で一念発起し、三宿に「串焼き 喜楽亭」を開業する。するとたまたま店の常連にフランス料理人がいて、たまたま店の裏にある物件が空いた。初代はシェフと組んで新たに「ビストロ喜楽亭」としてスタート。しかし昭和六十二年の三宿はまだまだローカルエリア。週に何度も食べられないビストロ料理では厳しく、経営のためにカレーランチを始めた。

図らずも、夜にもカレーを食べたいという声が多く上がったものの、初代は「カレーは家庭の料理だから」と、最初はお店のディナーメニューに載せるには抵抗があったそうだ。でも、だったらハレの日のカレーを作ればいい。家庭ではできない仕事、プレゼンテーションはないか？　オニオングラタンの器で熱々のまま提供してはどうだろう？　器を壺にしては？　で、「つぼ焼きカレー」が誕生した。

二代目の大久保宏泰さんは昭和四十九年生まれ。海外留学から帰国し、二〇〇〇年からヴィーナスポート店で十年店長を務めた後、本店へ。秀喜さんは引退したが、母の富美子さんは今も現役で店に立つ。ちなみに「ビストロ喜楽亭」の名を広く知らしめた、もう一つの看板にカレーパンがある。「パン屋でなくカレー屋のカレーパンだから、ルゥがおいしいのはもちろん、多くないと駄目」と、ギリギリまで詰め込んだ「おいしいかれーぱん」。かつて長い行列を成したほどの過熱ぶりは落ち着いたものの、今なお手みやげなどに根強い人気だ。

22

自分の中に毒を持て

僕 ← 昭和

ソムリエ／ナチュラル
石井英史
「祖《そ》餐《さん》」店主

「コート・ドール」（フランス料理）三田

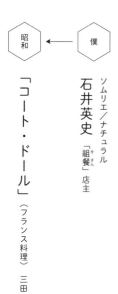

習慣は、第二の天性になる

鎌倉の古民家で自然な造りのワインや日本酒を注ぎ、満月の夜には「満月ワインバー」を開く石井《いしい》英史《ひでふみ》さん。いつもふわっとそこに居る彼は、かつてネクタイを締めて三田「コート・ドール」でサービスを務めていた。

シェフは斉須《さいす》政雄《まさお》氏。二十三歳でフランスに渡り計十二年、ベルナール・パコー氏と立ち上げた「ランブロワジー」では二つ星を獲得した料理人である。

「大学時代にシェフの本を読んだとき、こういう人の下で働いてみたいと思ったんです。でも当時は雲の上の人だった」

年月を経てそれが現実になったとき、斉須さんは想像を軽く超えていた。

仕事が始まった途端、顔つきや声までもが別人になる。身体が大きく見え、十歳は若返り、誰よりも動く。道具の置き方一つにもピシッと意識を届かせる姿は、目の前の一つひとつと対決しているようにも見えた。

生きる姿勢がすべてに映っている。

それまでどこか姿勢が定まっていなかったと語る石井さんに、変化が起きた。

「自分に言い訳しないようにしよう、逃げないようにしようと」

斉須さん曰く、自分もまた、自らを変えよう、と決めて変わったのだ。

「僕はそもそもちゃらんぽらん。同級生は今の姿が信じられないって言うくらい」

しかし料理を仕事として生きると決めたときから、より高みを目指すなら、揺れない自分にならなければいけないと思った。群れず、惑わされず、信じてもらえる人格に。

自身を変容させる術《すべ》は、ひたすら反復である。

運動と睡眠のバランスを守り、動ける身体を確保すること。舌を「調律」するため、普段からシンプルな食事を取り、濃い味を控えること。斉須さんの言葉で言えば、料理人の舌は私人でなく公人。自分のものでなく、お客のものである。

朝起きて歯を磨くように、同じことをひたすらに繰り返す＝習慣にする。ただし無意識ではなく、毎回、その意味を考えながら。すると少しずつ前に進み、周りが評価してくれて、習慣が「人格」となっていく。

「習慣は、第二の天性です」

その上で、シェフに必要な素養は、清潔・簡潔・大らかだと考える。

鏡のような厨房は一日四回の掃除によるが、「清潔」は料理につながる道。同時に斉須さんの場合は、前オーナーへの恩返しでもあった。自分をシェフにしてくれた恩、開店六年後に店を譲ってくれた恩に対して「今日もシェフやってるぞ」という気持ちを届けたい。

では「簡潔」の意味は何だろう？

訊ねると「一点集中」と返ってきた。徹底するために、選別して絞り込むこと。

徹底したいのだ。だからすべてが選別と集中。あれもこれもでは生半可になるから、大事なことは何かを見極め、それを本当に大事にするために選別する。

「大らか」とは、厨房を支えるための度量を指す。〝調理場という戦場〟で、戦う相手はチームメイトではない。彼らはむしろ一緒に戦っているのだ。ならば誰かが失敗したとき、「大丈

しかないんです」

「失敗するとパニックになる。そこで、何やってんだ！　なんて怒鳴ると瓦解《がかい》して（組織が崩れて）しまうんですよ。お客さんは待ってる。瓦解している暇はない。首根っこ摑《つか》まえて走るしかないんです」

かつて「コート・ドール」チームの一員だった石井さんはこう思っていた。

「シェフが戦っているもの、見えているものを僕らにも見せてくれる。もし僕らに見えなかったとしても、同じ陣地に立たせてもらえる」

戦う相手とは、もしかしたらシェフ自身の「理想」なのだろうか？

風のようなサービス

ソムリエである石井さんの直属の上司は、二〇一七年現在、「コート・ドール」で二十六年になるマネージャーの松下尚夫《まつしたひさお》さんだ。

「松下さんのサービスは、風のよう」

それをご本人に伝えると、「風であるならば、そよ風であるように」と補足した。

「必要なことを満たしたら、あとは何も感じさせない。最高なのは、店を出た後、何となく気分がいいというサービスです」

石井さんは松下さんから、マニュアル的な指示をされた記憶がない。むしろそれぞれのサービスで良し。つまり、「自分のままでいい」と教わった。

松下さん曰く、個人店でのサービスは素養で決まる。斉須さん曰く、親にどう愛情を注がれて育ったか、人としての基本がむき出しになる。そして「コート・ドール」のサービスは、それを良しと認めたところに立っている。

ただし、その上で「毒を持て」とは斉須さんの言葉である。

「いい子だけではゼロ、存在がない」

石井さんは毒の意味を、反骨精神と受け取った。以来「自分の毒とは何か」と考えつづけ、形にしたのが「祖餐《そさん》」である。

「自然な造りのお酒は、造り手の生き方や考え方と直結します。お酒を単にプロダクトとして消費するのでなく、造る人と呑む人を結ぶことで、みんなが変わるようなきっかけをつくりたい。おいしいだけの店じゃない。それが僕の毒かなと」

もう一つ、シェフの口癖は「小さくあること」だった。自分が自分でいられる許容量を守る、という意味だ。築七十年の木造一軒家で営む「祖餐」は小さくて穏やかな店だが、戦う相手が「理想」だとするならば、彼はともに営む家族と一緒に日々戦っている。

掃除のときはいつもシェフの顔を思い浮かべるそうだ。いつ階段を上がって来ても、恥ずかしくない自分であるように。

「全然できてませんけどね（笑）」

なんて石井さんははぐらかすけれど。

二〇一七年九月号

僕

一九七二年生まれ

石井英史

Hidefumi Ishii

神奈川・鎌倉生まれ、五歳から十歳まではブラジルで育つ。大学時代のワインブームで夢中になり、ワイン関連の輸入会社に就職、二十九歳で退社。イタリアを三ヵ月旅する中で、百年後の畑を考えてブドウを育てる、フリウリの造り手と出会う。帰国後はフランス料理「ラシェット・ブランシュ」で半年、イタリア料理「ナディア」で二年サービスを務めた。フランスでは三ヵ月パリに住みつつ数々の産地を巡り、バール・ア・ヴァンという気軽な食べ呑み屋の形も知った。斉須政雄シェフの「コート・ドール」では、二〇〇五年より二年間にわたりサービスを務めている。

二〇〇七年、ワインバー「ボータン」を鎌倉に開店してから、彼はワインにまつわるさまざまな店をスピンオフ的につくってきた。満月の夜とその前夜だけ出現する「満月ワインバー」、ワインや日本酒をテーマで結んだ不定期開催の「ピルグリム」。

石井さんは他者を追いかけない。追うのは自分の中の本能というか、魂のようなものではないだろうか。その魂が「人の輪っか」を求め、彼は「ボータン」を辞めて二〇一五年に「祖餐《そさん》」を開店。料理家の母と妻が料理を仕込み、石井さんが自然な造りのワインと日本酒を選ぶ。

お酒は「人だと思うといい」そうだ。いい人だけど苦手とか、ワルだけど気になるとか、そういう感情に動かされてもいい。何を好きだと言ってもいい。あらゆることに枠を決めてしまいがちな世の中で、そういう絶対的な優しさが、彼の居る場所にはある。

昭和

昭和六十一年創業

コート・ドール

Côte d'Or

料理に携わる者にとってのバイブル『十皿の料理』（朝日出版社）と『調理場という戦場』（幻冬舎）の著者、「コート・ドール」斉須政雄シェフは昭和二十五年、福島・白河生まれ。高校卒業後、都内ホテルの洗い場と雑用からスタート。二十歳、千葉「ベルベデーレ」から料理と向き合い、六本木「レジャンス」へ。

開店時に招聘されたフランス人シェフに直訴して昭和四十八年に渡仏、このシェフの一つ星「オーベルジュ・ド・カンカングローニュ」で四年修業。その後、パリの三つ星でヌーベル・キュイジーヌの急先鋒であった「ヴィヴァロア」で一年、同じ三つ星でもクラシックの頂点「タイユバン」で一年五ヵ月。

十六区の「ジェラール・パンゴー」で半年が経った頃、二店目のシェフだった三歳上のベルナール・パコー氏から声がかかり、ともにパリ「ランブロワジー」を立ち上げた。このとき一九八一年、三十一歳。彼らの店は翌年に一つ星、さらに翌年は二つ星と異例の早さで認められ、斉須さんは四年後に帰国。フランスで十二年が経っていた。

一九八六年、昭和六十一年の二月、オーナーを得て三田という静かな地に「コート・ドール」を開店。六年後にはオーナーシェフとなった。

マネージャーの松下尚夫さんは「銀座レカン」出身。「コート・ドール」には五年目から参加し、二〇一八年時点で勤続二十七年、ほかに十三年の大園則久さん、八年の渡辺努さんなどサービスはベテラン揃い。

23

お客さんはどう思うだろう？

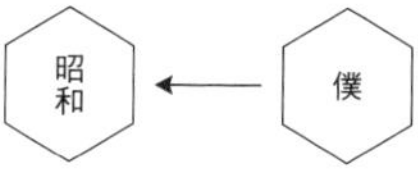

ソムリエ／ナチュラル
川島けんすけ
「マルカン」ソムリエ、店長

「幡ケ谷 大昌園」（焼肉）幡ケ谷

余白があるから楽になる

東横線・都立大学駅の改札から、三十秒で「マルカン」のカウンターに着ける。二十四年つづいた元焼鳥屋の建物、その時間を緩やかに引き継ぐ酒場。川島《かわしま》けんすけさんはここで、ほっとするワインや料理と一緒に「おかえりなさい」と街の人々を迎えている。

「僕らは元気提供業。ここに来れば、一日の終わりが落ち着くような店でありたい」

十八歳で山形から上京後、紹介された職場がたまたま居酒屋。担当は調理だったがホールの接客のほうが気になって、「こうしたほうがもっと楽しんでもらえるのに」「僕ならこうする」が募っていった。

幡ヶ谷《はたがや》にある「大昌園《たいしょうえん》」と出合ったのはこの時代だ。

親しい常連客に「すごくいいお店だよ」と聞かされながら、「でもまだ早いなぁ」とお預けされつづけていた焼肉店。期待値がピークに達したある日、ついに連れて行ってもらうことができた。

「何もかもが想像以上、期待以上でした」

肉の焼ける匂いと煙が充満する店内、だが上着や鞄を入れるビニール袋がある親切心。狭いけれど、必要な物が長年の使い勝手で収まった無駄のなさ。年季は入っていても、焼き台の隅までピカピカの清潔感。

何より家族経営の接客が気持ちいい。とくにカウンターに立つお母さんのそれは、彼にとって「衝撃」だった。

当時は焼酎大ブームによる居酒屋競争が熾烈《しれつ》で、サービスが過剰に走った時代。どの店も至れり尽くせり、足し算の接客をしなければ不安になっていたし、そうされることがお客の望みだと信じていた。

しかしお母さんの接客は、引き算なのだ。

至れり尽くせりを詰め込まず、それでいてグラスのお酒が無くなる前にひと声かけたり、一人客には量を加減してあげたり、テーブル席の肉の焼け具合まで見えている。レバーを頼んだお客に「今日のはぷりぷりよ」なんてひと言が、さらりと自然にこぼれてくる。

いわば、肝心要だけ摑《つか》んだサービス。

余白があるから人の気持ちは楽になる、それはきっとおいしさの要素の一つだ。

「スポーツ選手がリラックスすることで最大の能力を発揮するように、飲食では、食べるポテンシャルを上げるのかも？」

という彼の仮説は未だ真相が明かされていないけれど、しかし最初から、「大昌園」を訪れるたびに確信していたことはある。

「毎回、帰り道は幸せな気持ちになるんです。そうだ僕らの仕事は、こんな風に人に幸せを与えることができるんだと」

目の前の肉が全部教えてくれている

お母さんこと川部《かわべ》栄子《えいこ》さんは、夫の祐士《ゆうじ》さんと四人の子どもたちと一緒に大阪から上京。昭和四十八年十二月、この場所で営業していた「大昌園」を譲り受け、新しく開店した。知人もいない街だから、深夜三時まで店を開け、当初は盆暮れ正月も無し。

「私はお父さんが大好きで、後ろについてきたの。男前でね、真面目な人でした」

三年前に他界した祐士さんは、新参者だからこそ地元のつき合いと信用を大事にしてきた。お酒は商店街の酒屋から、肉は部位ごとに決めた業者から買い、基本替えない。目先の安さを追わず、関係を育てることで納得のいく品質を安定して買うことができる、と考えたからだ。

「大昌園」の牛肉は国産だがブランド牛ではないし、焼き台もガス火で備長炭などではない。でも川島さん曰く「間違いなくおいしい」。それは自然な造りのワインにもつながる在り方だそうだ。銘柄や品種でなく、おいしいと感じられることこそが本質。

だったら、そのおいしさはどこからくるのか。

栄子さんの仕事としては、「質を見る」のだそうだ。色、艶、弾力、脂や筋の入り方。味も鮮度も、目の前の肉が全部教えてくれている。

「そして必ず手切りです。ブロックで買い、肉質や筋目を見て包丁を入れ、状態に合わせて厚さや切り方を変えること」

夫婦ともに焼肉はおろか飲食業の経験すらなかったが、栄子さんの家は代々料理上手。料理はもちろんタレも一から手作りし、工夫を重ねて日々更新。すると見知らぬ東京でも、顧客が増えていった。

今、「どうすればお客が入るか」「客単価が上がるか」と手っ取り早く結果を求めがちな世の中で、夫妻の仕事の源を辿ると、こんな発想が見えてくる。

「お客さんはどう思うだろう？」

どうしたら、おいしいと感じてもらえるだろう？　気持ち良くなれるのだろう？　まずは、そこから。

肉の選び方も切り方も、掃除も接客も、相手側から一個一個想像して今の形がつくられた。その結果が創業四十三年、という順である。

「味自慢なんてしちゃ駄目よ。味の受け取り方は人それぞれ、おいしいかどうかは、お客さんそれぞれが決めること」

栄子さんは昭和十年生まれ。現在は息子の修久《のぶひさ》さんが跡を継ぎ、もうカウンターに立つことはないけれど、仕込みは変わらず彼女の仕事。八十二歳、朝から夕方まで厨房で肉を切る。

通いつづけて十年ちょっと。今の川島さんには、あのとき「まだ早いなぁ」と言われた意味がよくわかる。

「大切な人を連れて行きたい、〝いいよね〟って感覚を共有したくなる店なんです。好きでもパタッと行かなくなる店もあるのに、ここには今後も通いつづけるんだろうなと思います。僕もこの仕事をする上で、そういうお店を目指したい」

二〇一七年七月より、建物の取り壊しのため「大昌園」は休業している。でもご心配なく。近所に移転、再開予定だから。

再開後の店名は「幡ヶ谷 大昌園」。それは栄子さんの、お父さんや家族と生きた幡ヶ谷への愛と感謝と誇りの名前だ。

二〇一七年八月号

僕

一九八七年生まれ

川島けんすけ

Kensuke Kawashima

飲食業に就いたのは、自分の意志というより、たまたまだ。生まれも育ちも山形・米沢。十八歳で東京・恵比寿に上京し、知人に紹介されたのが、当時話題のスチームフードをテーマにした居酒屋「頂《いただき》」だった。

初めての飲食業、しかも調理。料理を作ることは意外にも面白かったが、しかし川島さんは厨房からホールを眺めながら「サービスの力で店は動く」と感じていた。料理の説明一つで、お客の食べたい気持ちは膨らむ。サービスの声のトーンで空気も変わる。気づき方、声の掛け方、そんな些細なことで店のすべてが回り始める。

その店でサービスに転向し、店長まで務めて約四年。レストランのサービスを学ぶため、恵比寿のイタリア料理店「キオラ・ザ・フォーコ」で二年。ワインが面白くなってソムリエを目指し、ワイン所蔵数を誇る新宿のワインバーで短期間働いた。

都立大学「マルカン」を訪れて店が気に入り、入店したのは二十四歳のとき。「マルカン」は二〇〇九年に開店した、街の灯台のようなワインバーである。駅からすぐの角地に建つ三角形の店は、窓から窓へと風が渡り、街との境界が限りなく無いに近い。

ここでも店長となった川島さんは知人が道を通れば挨拶し、向こうからも声がかかり、ナチュラルなワインと気の利いた料理で街に帰ってきた人をふわっと迎える。店の在り方はそっくりそのままお客という鏡に映るもので、「マルカン」で過ごすお客は誰もが力を抜いて、気負わず、ふわっと一日を終えている。

昭和

昭和四十八年創業

幡ケ谷 大昌園

Hatagaya Taishoen　※移転休業中

幡ケ谷六号通商店街は、都内では数少ない元気な商店街。けれど昭和五十年代の賑わいはこんなもんじゃなかったそうだ。街には子どもたちが溢れ、盆踊りには、長い商店街の端から端までみんなが踊りながら練り歩いた。

八百屋に豆腐屋などの商店、蕎麦屋などの飲食店。会社も急増した時代、「大昌園」では会社帰りの上司と部下、地元の家族連れが小上がりで、地方出身の学生がカウンターでひとり焼肉など、誰もが思い思いに焼肉を楽しんでいた。

初代・川部祐士さんと栄子さん夫妻が大阪から移り、昭和四十八年十二月に開店。ハンサムな祐士さんに一目惚れだった栄子さんは、見知らぬ土地にも黙ってついて来た。何十年経っても、夫が好き過ぎて喧嘩にならなかったそうだ。祐士さんはお客からビール一杯呼ばれたことも無く、上司が女性部下に「お前」と呼ぼうものなら「よその娘さんに言う言葉じゃない」とお客であっても注意する厳格な人。だけど優しい人なのよ、と言う栄子さん自身は、カラッと明るくて大らかな人。

祐士さんは二〇一四年に他界したが、長男の修久さんを筆頭に、二人の孫と近所の娘さんたちが仲よく切り盛り。みんな目配り気配りが利いていて気持ちがいい。現場は若手に任せても、栄子さんは営業前に肉や料理の仕込みを担当していた。

この取材は二〇一七年四月に行われ、「大昌園」は移転のため休業、近所に再開予定と書いた。経過報告をすると、ただ今物件を探し中。多くのファンが、焦らずに、でも忘れずに待っている。

24

ちょっとしたこと

僕 → 昭和

スペシャリスト／カクテル・酒全般

大場健志　「バー カコイ」オーナーバーテンダー

「魚竹」（定食・季節料理）築地

心の動きをすくい上げるひと言

十年前のことだ。

「おいしいごはんと焼魚の店があるよ」と店のお客に教えてもらったことを思い出して、ふらりと入った築地「魚竹《うおたけ》」。昼は定食、夜は季節料理。その頃「バー カコイ」は東銀座にあり、店主の大場《おおば》健志《たけし》さんは築地に住んでいたから、本当にふらりとお昼に行った。

すると、ふっくらと炊かれたごはんがまず、うまい。焼魚はランチでも炭火で焼かれている。それだけでも十分なのに、さらなる衝撃が待っていた。

お味噌汁をお代わりしたら、具が替わっていたのだ。最初はお豆腐だったのが、二杯目はなめこになって現れたのである。

「言ってみればなんてことない、ちょっとした気遣いですよね。だけどほかの店では気がつかないこと、できないひと手間。それってじつは、すごいことだと思うんです」

週一回ペースで通うようになると、どんどんすごいところが見えてくる。

具だけでなくお椀も替えていたこと、大場さんの顔を見ただけで、黙ってごはんを大盛りで出してくれること。逆に、女性客には心持ち少なめの盛りにしつつも、「足りなかったら言ってくださいね」の言葉をくっつける。

気働きの利く女性二人の接客は、限りなくお母さんに近い。

「こういうひと言を今は言わなくなったけど、言ってもらえるとやっぱり嬉しい」

人の心の動きをすくい上げるひと言。という機微に気づく彼の職業はバーテンダー、なるほど、ホスピタリティの人である。

カウンターのみ十三席の「魚竹」は今もランチには行列ができるが、当時は大手企業のビルが近所にあって、食べる人の後ろにも待つ人がびっしり並んでいたという。毎日繰り返される光景なのに、彼女たちはいつもいつも「狭くてすみません」と申し訳なさそうに声をかけるのだった。

二人は、「魚竹」のお嫁さんコンビである。大将・早川一男《はやかわかずお》さんの妻が佳子《かしこ》さん、弟の清忠《きよただ》さんの妻が清美《きよみ》さん。根岸と月島の、ともに下町育ちだ。

「下町ですから、ひと言、言っちゃうわね。お客様のお顔を覚えるでしょ、それでいつもと様子が違えば、お疲れですか？　とか」

「そう、どなたとも必ずキャッチボールはあります。お客様のほうが嫌でもね（笑）」

ケタケタ笑う女学生のようなお嫁さんたちにつられて、職人気質の夫たちもくすりと笑っちゃう。そんな、仲のいい家族の気持ち良さに満ちている。だから大場さんは、築地に数ある魚自慢の定食屋のなかでも、やっぱり「魚竹」へ来てしまうのだ。

「ここでは、混み合っているときは椅子を引くとか、食べ終えたお膳を棚に上げるとか、言われたわけじゃないのにお客さんが自然とそうしている。ご馳走さまでした、という言葉が素直に出てくるんです」

家庭的な料理でも、家庭の味じゃない

「魚竹」は創業四十年。そもそもは魚屋であった。

初代、早川竹次郎《たけじろう》さんが昭和二十九年、料亭へ魚を卸す商売を始めた。戦後の復興期、この辺りは花街で黒塀の料亭が十数軒立ち並び、黒塗りの車や人力車が行き交っていたという。

魚屋時代の店名は「早川」。料亭専門だから高級魚を扱い、その魚を炭火で焼いて皿に盛り、仕出しもしていた。

花柳界が衰退して料亭がなくなったことから、昭和五十年、飲食店の「魚竹」へと商売替えをする。父譲りの目利きの魚を刺身に引くのは兄、焼くのは弟の仕事である。

「親父は魚のエラの裏を見てね、この赤さが新鮮なんだと言って」

一男さんは高校を卒業後、魚屋時代から店に入った。飲食店での修業経験は無いけれど、父の魚仕事や炭火焼きを身につけ、ときには取引先の料亭で調理場を手伝いながら仕事を見てきた。清忠さんは「魚竹」からの参加。「数を焼くこと」で炭火焼きの技術を身体で覚えた。

兄弟ともに叩き上げだ。お互い無口だけれど、お嫁さんたち曰く、喧嘩したところを見たことがない。

お味噌汁の具の秘密は、十五年ほど前、あまりにお代わりする人が多いから「せっかくだったら」と替えてみたら喜ばれたのだそうだ。彼らにしてみれば、大声で言うほどでもない、ちょっとしたこと。

「魚竹」は、そういう「ちょっとしたこと」の積み重ねでできている。

ガス釜でふっくらと炊かれるごはん、炭火で絶妙な加減に焼かれる魚、中落ちの鮪は冷凍ものでなく生。

お味噌汁は営業中ずっと火にかけ、いつでも温かく。でも煮詰まらないよう、薄めに作った地の汁を足していく。煮込んでくたくたになった具ではがっかりだから、具と地の汁は別々に作り、お椀の中で合わせる。地の汁は、鰹出汁に玉葱をちょっと加えてコクのある味わいに。

ごはんとお味噌汁、焼魚は家庭でも作られるごく日常のメニューだが、しかし「魚竹」のそれは職人の仕事である。家庭的な料理でも、決して家庭の味じゃない。

バーで言えば、ハイボールやジントニック、水割りなのだそうだ。その心は、「誰でも家でできるけど、僕らが作るときはプロの味にしなきゃいけない」もの。

どうしてその仕事が一線を画すのか、人の心を打つのか。

大場さんはこう思う。

「全部が、ちゃんとしているからだ」

ちゃんとしたものは、人を真っ直ぐにする力があるのだろうか？

「魚竹」へ来ると、午後ちゃんと生きようという気持ちになるのだと、お昼を食べ終えた誰かが言った。

二〇一七年一月号

僕

一九七六年生まれ

大場健志

Takeshi Oba

早稲田大学の学生時代から、村上春樹の小説と、それに出てくるバーの世界に憧れた。で、大場さんはバーテンダーになるための道のりを描いたのである。一度は社会経験も必要だろう、開業資金も貯めなければ。そのため新卒で一般企業に就職し、目的と責任を果たして四年で退職。新宿のバーで一年働いた後、二〇〇六年に三十歳で独立した。

渋谷のセンター街奥という若い街で、人と人とのハブになるサロン、茶道で言う「囲《かこい》」のようなバー。一年後に再開発のため東銀座へ移転、以後、再び渋谷、東銀座と移転を繰り返す数奇な運命を辿ったが、それでも顧客は足を絶やさなかった。

彼らはバーに行きたいのでなく、どうしても大場さんのお酒を呑みたいのだ。「その人のための一杯」を作るのはバーテンダーの仕事だが、呑みたい気持ちを想像する力や叶えようとする優しさ、そういった呑み手への思い遣りで一杯は変わる。そこに呑み手はわくわくするのである。

バーテンダーはどの店で学んだか、誰が師匠か、などの「筋」が見えるものだが、修業経験一年の大場さんにはそれが無い。その分、彼の作るお酒や店の在り方には自由な匂いが漂う。

たとえば大場さんは旅するバーテンダーだ。日本の醸造所や畑にしょっちゅう旅をして、持ち帰ったハーブや果実を漬け込む自家製酒は「カコイ」の名物だが、それは副産物。大事なのは、素材が生まれる現場に立ち、作る人、育てる人の顔を見て話をすること。大場さんの一杯はそこから生まれる。

昭和

昭和二十九年創業

魚竹

Uotake

「魚竹」のすぐお隣にある新富町は花柳界として栄えた街だ。戦後、新潟から上京した初代・早川竹次郎さんはこの場所で、昭和二十九年に魚屋を始める。当時の屋号は「早川」。高級魚を料亭に卸すほか、炭火焼きの仕出しも行っていた。やがて料亭政治の時代が終わり、花柳界の文化も衰退。初代は昭和五十年、得意の魚を生かしてお昼は定食、夜は季節料理の店を開業した。魚屋の竹次郎さんだから「魚竹」である。

明治生まれの竹次郎さんは七十四歳で他界したが、妻のふじさんと長男の一男さんが跡を継いだ。大正元年生まれのふじさんは、九十歳まで割烹着姿で店に立っていたそうだ。看板おばあちゃんで、一男さん曰く「おにぎりを握れば何とも言えない絶妙な固さ、玉子焼きを焼けばふんわりと仕上がる」。同じように焼いても、やっぱり違うのだとか。

「魚竹」時代から、他店で修業した弟の清忠さんが加わり、それぞれにお嫁さんも来て、ひときわ賑やかな家族経営となった。兄嫁の佳子さんも弟嫁の清美さんも生粋の江戸っ子で、底抜けに明るい。子どもが小さいときは兄弟の家族みんなで旅行したり、仕事もお休みもいつも一緒。

築地に魚のうまい定食屋は数あれど、大場さんの足を向けさせるのは、仲のいい家族の温かな空気感だ。古いつき合いになる米屋の米を、長年のガス釜で炊くごはん、炭火で焼く魚、目利きが光る生鮪も看板。「魚竹」の料理はどれも極めてシンプルながら、身体の真ん中にじんわり沁みてくる。

25

生活と地つづきにある本質

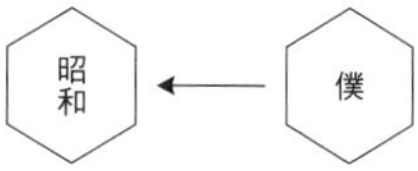

スペシャリスト／ビール
橋本一彦　「サンサ」店主

「赤坂砂場」（蕎麦）　赤坂

店主の心得

「サンサ」から歩いて五分くらいだろうか。打ち合わせで、一人の遅い昼食で、橋本一彦《はしもとかずひこ》さんは昼下がりの「赤坂砂場《あかさかすなば》」に居るのが好きだ。本人は二週間に一度の割合と言うけれど、一昨日も来ているはずだし、たしか先週も居たような気がする。

好きなところはたくさんある。

まずは蕎麦と料理の、凝《こ》っているわけではないがきちんとした仕事。

女将さんと表の女性たちによる、目配り気配り。

鞄を抱えていれば預かってくれ、そこにそっと布がかけられる。「玉子やき」は、二人客なら黙っていても二等分になって現れる。注文はいっぺんに頼んでも、食べ進む様子を見て急《せ》かさず順に差し出される。

満ち足りて爪楊枝《つまようじ》に手を伸ばせば、何とも美しい「日本橋さるや」の黒文字だ。

「カジュアルな世界で本質をキャッチしている感覚、これです。たとえば三つ星を面白いと思える人は限られるけど、『赤坂砂場』さんはお客さん側のリテラシーを必要としない。誰もが段差なく楽しめて、でもそこにちゃんと本質がある」

しかも、極めてさりげなく。

「赤坂砂場」の店内を見わたせば、日本画家・奥村土牛《おくむらとぎゅう》のリトグラフや鳥居言人《とりいことんど》の美人画が飾られ、マッチ箱にはその娘で歌舞伎絵師・鳥居《とりい》清光《きよみつ》の画。たぶん多くの人は気づくまい。それでも絵もマッチ箱の柄も、時候を映しながら毎月替わる。

お見立てはご当主によるものですか、と二代目の村松幸一《むらまつこういち》さんに訊ねると、ご本人は恥ずかしそうに笑った。

「本店がそうだったものですから、そういうものなのかなと倣《なら》っただけです」

親方がしていたとおり、足さず引かずにきっちり努める。蕎麦の仕事も、接客も、店主の心得も、ということだ。

本店とは日本橋で明治二年創業、「室町砂場《むろまちすなば》」のことである。幸一さんの父・亀次郎《かめじろう》さんはその次男坊。

亀次郎さんが暖簾分けにより独立して、東京オリンピック開催の年、昭和三十九年六月に開店したのが「赤坂砂場」だ。芸妓の置屋だった木造二階建てを本店に似せて改装したのだが、その後本店はビルになったから、今となっては赤坂のほうが往時の面影を残しているとも言える。

幸一さんは日本橋で育ち、小さい頃から蕎麦職人になるものだと思っていた。

「私は、父に教わったことしか知りません」

更科粉《さらしなこ》を卵でつなぐ「ざる」と、一番粉を使った「もり」。現代では、この二つの違いは海苔の有無ともいわれるが、この店では昔から蕎麦（麵）そのものの違いだ。

手で打ち、機械で切る仕事は戦前からの技術だし、鰹節の出汁と醬油・味醂・砂糖のかえしを合わせた蕎麦つゆも、それを使った甘い「玉子やき」、「わさびかまぼこ」の蒲鉾の仕入れ先も決まりごと。何一つ変えない。

そういう幸一さんの仕事を見てきた三代目・豊さんも板場に立って二十五年である。

蕎麦職人の修業は、特定の持ち場を持たずあちこち手伝う「まごつき」から始まるのだそうだ。そこから蕎麦打ち、料理などを覚え、最終的にはどの仕事にもすうっと入って助けられる「大まごつき」になる。

父の背を追いながら、豊さんは「赤坂砂場」の心をこう受け取っていた。

「些細なことにも手を抜かず、真面目に仕事をすること。〝慣れない〟ことです。慣れたと思うのが一番怖い」

ノイズのない心地良さ

「赤坂砂場」では、黒塗りの車で乗りつける人も地下鉄でスニーカーの人も普通に、混んでいれば並び、順番が来ればもてなされる。

橋本さんの言葉で言えば、ノイズがない、気になるところがまるでない心地良さ。それが〝もう少しだけ居たい〟気分にさせるのか、みな、日が高いうちから瓶ビールだ。

そういう場に身を置きながら、彼はいつもこんなことを考えている。

「現代らしさって何だろう？　って。少し前までは飲食店に非現実感が求められていたけれど、今はそれが現実感に変わっているんじゃないのかな、とか」

星つきレストランで実力を蓄えたシェフが、独立した自身の店ではコックコートでなく自分らしいTシャツを着て料理を作るような。現代が求めているのは、本質を捉えながらも、特別な世界観をつくり上げようとはしない感覚ではないか。

ビールという日常のお酒を扱う「サンサ」は、生活と地つづきのところに価値を置きたい。それでいて、自分たちのスタンダードから一段だけ上の場所でいたいという、その在り方を「赤坂砂場」は肯定してくれた。

コンテンポラリーなビアバーと、トラディショナルな蕎麦屋。一見交わらない世界のようでいながら、芯の部分において、両者はかなり共感する。

人と接することについても然り。

江戸言葉を話す女将・ヨシ子さんは、お客が戸を開けた瞬間、独特の抑揚で「いらっしゃーい」と声をかける。その後テーブルで接する際にはもう一度、今度は「いらっしゃいまし」に言葉を変える。

橋本さんはそれを「個人としての挨拶を尊重している」と感じた。

「僕の場合は一度、お客さんと目が合ったときに『こんばんは』と言います。挨拶は人と人がフラットな関係で、目を見てするものだと思うから。『赤坂砂場』さんは二度挨拶されるけど、個人と対峙したときの二度目に、より比重を置いている。やっぱりそうなんだな、と腑に落ちました」

開店五年目の若い店主は、創業五十二年の老舗で答合わせをしているのかもしれない。

ちなみに、「季節の挨拶をする」という心がけも両者同じだ。

ただ、ヨシ子さんの言う「お暑うございますですね」という重ね言葉が、橋本さんの世界では「暑いっすね」になるだけのことである。

二〇一六年十月号

僕

一九八五年生まれ

橋本一彦

Kazuhiko Hashimoto

ちょっと乱暴に言うと、それまでのビアバーはテンション高めの音楽で仲間と乾杯、フィッシュ&チップスをつまみに、ワイワイ飲《や》る店のことだった。もちろんそういう気分のときもあるけれど、そうじゃない夜もある。二〇一二年十一月、溜池山王の片隅に開店した「サンサ」が、そんなビールの風景を変えたのだ。独り、ビールと静かに向き合える風景へ。

廃墟のように無機質な空間に、小波がさざめくような木肌のカウンターの有機質。微かに響くアルゼンチン音響派。数を絞り込んだ樽生は、ジョッキでなくワイングラスか薄はりのグラスに注がれ、ときにはスパイス、ときには料理と合わせて生き生きと正体を現すこともある。「サンサ」のすべてが、店主・橋本一彦さんの感性でできている。

橋本さんは北海道・札幌出身。大学在学中、輸入会社「えぞ麦酒」直営のビアバー「麦酒亭」で三年働き上京。フレンチ二軒で計一年三ヵ月、イタリアンで一年、料理とサービスを経験した。

一見、前衛的にも思える「サンサ」だが、目指しているのは「自分の生活圏にあることで日々が楽しくなる店」だ。だから橋本さんは店から徒歩圏内の「赤坂砂場」へ通う。自らがお客として「今何を食べたいか」を真剣に自分へ問うと、「こんな気分のときはこれなんだな」と客側の答が見えてくる。

日々の店こそ、人生の多くの時間に関わっている。彼は新しいことをしているのではない。「本質とは何か」の糸口を探し、それを深めようとしているのだ。

昭和

昭和三十九年創業

赤坂砂場

Akasaka Sunaba

初代・村松亀次郎さんの実家は、明治二年創業の日本橋「室町砂場」。若い頃から兄と一緒に修業していたが、兄が跡を継いだため、次男の亀次郎さんは暖簾分けにより独立。昭和三十九年、東京オリンピック開幕目前の六月に「赤坂砂場」を開店した。

昭和の赤坂は花街で、料亭に置屋、銭湯も多かった。まだ溜池山王駅も赤坂駅も無い時代だが、むしろ赤坂へ電車で訪れるのは野暮、紳士たちは人力車や黒塗りの車を使っていたという。

赤坂のビル群に囲まれながら、今も軒先に端正な坪庭を持つ、木造二階建ての「赤坂砂場」は元・芸妓の置屋を改装したものだ。東日本大震災の後に耐震補強をしたが、外観も内装も極力変えずに施したため、印象は補強前とほぼ変わらない。

蕎麦も一品料理も、初代が「室町砂場」で叩き込んだ仕事を忠実に受け継いでいる。からりと並んだ木札の品書きは、現在の当主で二代目の村松幸一さんによる手書き。税制改正などで値段が変わると、薄く削って書き直し、ずっと使いつづけている。

昭和十二年に生まれた幸一さんは、八十一歳、今も現役。妻のヨシ子さん、娘のかをりさん、三代目の豊さんらと店を切り盛りしている。豊さんは一九六八年生まれ。大学卒業後に店に入ったが、子どもの頃から蕎麦職人になりたかったのだそうだ。

どんなに繁盛しても毎朝六時には店に立ち、決まった仕事をはしょらない真面目な職人。父の姿を見てきた息子はそれに憧れ、今もなお追いかけている。

26

できるだけ長い時間、店を開ける

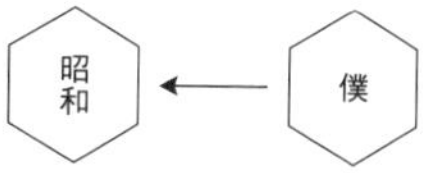

スペシャリスト／ビール
西塚晃久　「麦酒屋 るぷりん」店主

「泰明庵」（蕎麦・軽食）銀座

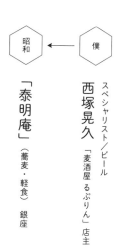

蕎麦屋というわけじゃない

銀座・泰明小学校から、新橋方向へと延びる短い路地、泰明通り。ここに「泰明庵《たいめいあん》」がある。藍染めの暖簾に木彫り看板。格子戸を引けば、品書きの実直な筆跡が客を迎える。

二〇一二年、数本先の小路に「麦酒屋《ビールや》　るぷりん」を開いた西塚晃久《にしづかあきひさ》さんは、この店の風景の中に〝居る〟ことでやっと、銀座に居場所を見つけた気がした。

「つかず離れずの女将さんも、相席なのに一人になれる距離感も、営業時間以外は誰とも話したくない僕を許してくれる。ここで、ネジを巻き直す感じです」

昼の営業後、白身魚の天ぷらと鴨せいろを同時に頼み、瓶ビール一本、日本酒一杯でさっと帰る。夜に備えて仮眠するのに、ふわりの酔いがちょうどいい。

「麦酒屋　るぷりん」は日本のクラフトなビール、ワイン、ジンやラムなどを、国産食材を使った料理で呑ませる酒場だ。

オープンは東日本大震災の翌年。東京の飲食店に何ができるだろう？　と真剣に考えた、西塚さんの答だった。

ところがメニューの一部、「天然氷のかき氷」が過剰に注目され、それ目当ての行列ができてしまう。

「うちは一体、何屋なのか」と悩んだ彼は、昼の営業をやめた。

その頃だ。老舗の蕎麦屋だと思っていた「泰明庵」もまた、じつは違うことを知る。言われてみれば刺身はやけに豊富だし、丼にカツに煮魚に。第一、表看板の「そば」の文字の下には

「軽食」と書かれている。

　原点は、魚屋だった。

　初代・江端貞治《えばたていじ》さんは新潟から上京し、戦前は「銀座《ぎんざ》 天國《てんくに》」で天ぷら職人修業。だが、道の途中で第二次世界大戦、その空襲で銀座はほぼ壊滅した。

　初代は鮮魚をリヤカーに積み、銀座の料亭に売って回る。焼け跡の一角に家を建て、その一階を店舗にしたのは終戦五年後の昭和二十五年。生け簀《す》で活魚も扱う鮮魚店だった。

　商売繁盛、のはずが昭和二十九年、今度はアメリカの水爆実験による原爆マグロ（第五福竜丸）事件で、魚がパタリと売れなくなった。

　初代と妻・ハルさんは、毎日売れ残る魚を何とかしようと仕出し弁当を開始。「いい出汁が取れるから」とうどんも始め、魚屋より弁当やうどんのほうが俄然忙しくなる。

「その頃、大きな会社から出前を頼まれていたの。周りには飲食店も少なくて、出前の従業員が三人でも足りないくらいでした」

　穏やかに語る女将の濵野照子《はまのてるこ》さんは、当時十三歳。弟の江端貞夫《さだお》さんは七歳だった。両親は魚屋を閉めて食堂に切り替え、刺身と天ぷらとちょっとした料理です、という意味で「軽食」を掲げた。

　職人を雇ってメニューに蕎麦が加わり、一時は自家製麺のラーメンを出したこともある。お客の要望で品書きは増え、後に料理好きの貞夫さんへ代替わりするとますます増えた。

　明治の最後に生まれた初代は平成八年、八十四歳で亡くなったが、その前年まで厨房で魚を捌いていたそうだ。

だから、蕎麦もあるけど蕎麦屋というわけじゃない。時代に道が閉ざされても、何度閉ざされても、できることを精一杯してきた六十八年。それだけだ。

西塚さんはすんなりと、何屋だっていいじゃないか、と思えた。

ネジを巻き直す時間

店の仕事・家事・育児に走り回る母を見て育ったからか、照子さんもまた「働くことはまったく苦にならない」と言う。母と同様、接客から経理、洗濯、掃除まで何でもこなす。トイレ掃除までするというので、若い人の仕事ではないのですか？　と驚いて訊き返してしまった。「若い人に頼むと、なぜだか、どうしても綺麗にならないんですよ。だからパパッと自分でやっちゃうの」

彼女の出勤は朝の九時半、退勤は夜の二十一時半。店は十一時半から二十一時までの通し営業、つまりずっと開いていて、女将はいつでもそこにいる。

一体いつ休んでいるのか、西塚さんには謎だった。

「でも、僕はどんな店をやりたいんだろう？　と考えたとき、憧れているのはこういうことかなと。できるだけ長い時間、店を開けているということです」

小さな店で夜の営業に限るということは、その時間帯、その人数だけに、来られる人が限られるということ。お客が選ばれてしまうことになるのなら、それは嫌だと思った。「麦酒屋るぷりん」は、いろんな人に対して〝開けて〟いたい。

彼は昼営業を再開し、「食事でも、昼呑みでもどうぞ」と伝えた。

すると今度はかき氷だけでなく、夜に来られない家族連れや学生などが訪れた。

休憩無しとはいかないが、それでも「絶対に」何かがつながり、回っている手触りがある。

戦後の焼け跡から急速に発展した街に集まるのは、買い物客や観光客だけじゃない。「泰明庵」では、さまざまな業種で修業中の若者がお腹いっぱいになるよう、デフォルトで大盛りだし、猫舌なお姐さんたちには、冷たい蕎麦にカレーがかけられる裏メニューもある。

銀座で生きる彼らのために、二代目は黙々と築地へ通い、料理を作る。

女将さんは、常にお客を見る。銀杏の殻をむく人には手拭きを出し、むせる人がいれば水を注ぎ。

照子さんの「見る」とは視界に入ることでなく、「読む」と同義である。人がどうして欲しいのか、見て、想像して、しかしそんな意識も無しに彼女は動く。

「鍛えて身につける接客でなく、女将さんは本能的に接している感じ。サービスというより、客あしらいというか」

だったら、客あしらいってどう身につけたらいいのだろう。本能や育ち方が表れるのだとしたら、自分はそれを持ち合わせているだろうか？

朝からかき氷のシロップの仕込みですっかり甘くなった舌を、鴨せいろの醬油味で中和しながら。昼と夜の狭間、西塚さんはそんなことを考えつつ、ネジを巻き直す。

二〇一八年三月号

僕

西塚晃久

一九八五年生まれ

Akihisa Nishizuka

二〇一一年の東日本大震災が、料理人や店に与えた影響は大きい。外食自粛で問われた経営と存在意義、原発問題による国産食材との向き合い方。飲食業とは人が食べ、呑み、生きていくという根本を担う仕事であることを突きつけた。

二十五歳の西塚さんもまた「東京の、飲食業の自分」に悩み、逆に「だからできること」を考えて二〇一二年六月、「麦酒屋 るぷりん」を開店。銀座の小さなビルに佇む店は、日本というアイデンティティを芯に据えている。日本の醸造家によるビールを中心に、ワイン、ジン、ラム、ウイスキー。そして失われつつある天然氷のかき氷。彼が尊敬する日本のクラフトが伝われば、きっと日本人は顔を上げられると信じた。

日本料理人を父に持ち、飲食業を志すも、西塚さんの十代は走って転んで怪我をしてばかりだった。高校卒業後に入ったイタリア料理店は一週間で辞め、次のリストランテは十ヵ月。フリーターになってからは店を持つ夢も忘れかけた。それでも、選ぶ仕事は飲食業ばかりだった。転機は二十歳、バイト先のベルギービアバーだ。カウンターを挟むだけで、初対面でも、自分に自信が無くても、堂々と人と関われる魔法の板。西塚さんは、バーで働きながら調理師専門学校に通い直した。

銀座「麦酒屋 るぷりん」は今年で六周年。すでに日本のクラフトビールもワインもみんなが楽しむ時代になったけれど、何度転んでも起き上がってきた人はただ誠実に、産地と東京、造り手と呑み手をつなげている。

昭和

泰明庵

昭和二十五年創業

Taimeian

初代の江端貞治さんは、明治四十五年（大正元年）、新潟生まれ。戦前に上京し、銀座八丁目の「銀座 天國」で天ぷら職人修業。師匠の他界を機に退店、独立を目指しつつ魚屋で働き始めた頃にハルさんと結婚した。大正五年生まれのハルさんは、隣村出身の娘がいるよ、と新潟筋から紹介された見合い相手。村を出て名古屋の紡績工場で働いていたところだった。

戦後、貞治さんは魚の行商から始め、店を構えて商いを始めたのが昭和二十五年。仕事熱心だったが、ハルさんは夫に輪をかけての働き者。店を手伝い、家事も子育ても一手に引き受けた。魚屋の危機に、仕出しをやってみよう、と踏み切れたのは、貞治さんの魚仕事の腕とハルさんの家庭料理が揃っていたからこそである。

現在、二代目として厨房に立つ長男・江端貞夫さんは昭和二十二年生まれ。十八歳から父について、魚の目利きから料理までを学んだ。仕入れは今でも毎朝築地へ通い、自身で選ぶ。

貞夫さんの姉で女将の濵野照子さんは、昭和十六年生まれ。戦争で疎開していたため小学校一年の二学期から銀座に戻り、泰明小学校に入学した。鮨「久兵衛」、和菓子「清月堂」といった銀座の老舗のご子息たちも幼馴染みだ。結婚、出産後も子育てをしながら「泰明庵」で働き、従業員の白衣の洗濯まで照子さんが引き受けている。ちなみに、壁一面の品書きは、二〇一七年秋に他界した長姉の京子さんが書いたもので、「泰明庵」のお守りのような存在。

27

誰もが何者でもない

私 → 昭和

スペシャリスト／日本酒

千葉麻里絵　「ジェム・バイ・モト」店主

「水口食堂」（大衆食堂）浅草

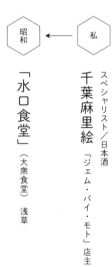

情報から切り離され、無になる時間

浅草という街が好きなのだと、千葉麻里絵《ちばまりえ》さんは言った。

ここ五〜六年のことだ。日本酒不遇の時代からこれを愛し、育て、いつしか引っ張って、恵比寿「ジェム・バイ・モト」を立ち上げた無我夢中の日々。ぽっかりあいた休日に足が向く街。

とくに浅草の裏通りに息づく、日常のテンションがいい。

「水口食堂《みずぐちしょくどう》」は、昼間から呑む人や店の呼び込みで溢れ返るホッピー通りから一本入った、裏手の路地にある。表通りは東南アジアの屋台村かと見紛うエネルギー、対して裏通りは、いたって平穏だ。

いつも十五時前後の半端な時間に行くから、近所のおじいさんがゆっくりと手酌で瓶ビールを飲んでいたりする。

ここにはパソコンを開いて仕事をする人も、打ち合わせをする人もいない。

「そういう、動いている空気感でなく、時間が止まっているような場所。ここでなら〝無〟になれるんです」

逆に言えば、無になれる場所がどれほど少ないか、だ。

レストランでもカフェでも、「動いている」店は情報の洪水である。空間、料理、酒、食器、サービス、会話。どれもが自分の立ち位置とつながっていて、千葉さんのアンテナは一個一個を拾ってしまう。

またまた逆に言えば、その感度を保つため、彼女が普段からどんなに神経を尖らせているか、だ。日本酒の可能性を求め、異ジャンルのシェフたちとのコラボレーションも多い。まだ誰にも見えていないこと、考えつかない世界を、眠る間にも考えている脳である。

そんな彼女の生きる舞台と「水口食堂」とは切り離されたところにある。だから、アンテナを収められる。

「今どきの店はバリアを張らなければならないけれど、この店は、共存」

一人で訪れ、相席で座る。

だからといって隣を気にすることもなく、誰と話すわけでもない。ただ百種類ほど掲げられた品書きを読んでいけばいいのだ。するといつしか、「どれにしようかな」とだけ考えている自分がいる。

こうしてようやく彼女に、純度の高い「楽しい」がやって来るのである。

無の時間は、脳を一回リセットするのに必要なのだそうだ。そうして店を出るときには、また新しい情報を入れられる余地が生まれている。

客としてのわきまえ

「水口食堂」のメニューは、昭和二十五年の創業当時とほぼ変わらない。ここ十年で十品ほど増えたが、減ったものは無い。定食から酒の肴まで、毎日来る人も飽きないようにと、昔から数が多い。

「だけどこれだけあっても、みなさん好きなものが決まっているのね」

大らかに笑う二代目の水口初音《みずぐちはつね》さんは、子どもの頃から家業を手伝っていた。そうせざるを得なかったのだ。

父で初代の音吉《おときち》さんは、明治二十三年生まれ。戦前は浅草からひと足離れた三筋《みすじ》にある食堂で働いていたが、昭和二十年の東京大空襲で焼け出された。台東区の被害は凄惨を極め、初音さんはこのとき、母と妹を亡くしている。

だから終戦五年後、現在地であり、当時三軒長屋だった一角に「水口食堂」を開くと、残された家族、親族は力を合わせて働いた。初音さんは九歳だった。

日本を代表する芸能と歓楽の街へ、浅草は戦後急速に復興していく。

黄金期、中心地の六区には映画館、劇場、演芸場、ストリップ劇場など三十あまりがひしめいた。初音さん曰く、六区通りは連日、道の向こうにも渡れないほどの大混雑だったという。「水口食堂」には、観劇帰りの人、浅草から吉原へ遊びに行く人も訪れたが、それらの興行に関わる人や舞台に出る人、劇場外の露天商など、この街で働く人たちもやって来た。

劇場内ではスタッフと観客として対峙する立場であっても、羽振りのいい人も競馬で擦った人も、これから出番の芸人や夜勤明けの警備員も、テーブルで相席になればみな同じ。

「みなさん平等にお客さん」

初音さんの言葉には二つ意味がある。

一つは、お店側が平等に接すること。

もう一つはお客自身が、「客」という平等な立場であることを自覚すること。

お偉いさんでも待つものは待つし、たくさん注文してお金を払ったところで、飲んで騒いだら許されない。

それは昭和の時代には共有されていた、客としてのわきまえである。

もちろん初音さんは決してそんなことは言わないが、お客からお客へ、自然にそれが引き継がれてきた。どんな事情を抱えていても、この食堂では誰もが何者でもなく、ただ純粋に客である。

そのことが、客自身を楽にする。

十二年ほど前からは、テレビ関係の仕事をしていた三男の淳《あつし》さんが三代目として戻ってきた。彼もまた子どもの頃から家業を手伝い、テレビ時代も週末には調理場で働いていたから、代々の味も空気も、身体に染みついている。

豚肉と玉葱を炒めた「いり豚」は昭和の東京でよく食べられた家庭料理だが、「水口食堂」のそれはオリジナル。今や看板であり、いり豚と言えば「水口食堂」だ。この店に奇をてらった料理は無く、品書きに並ぶのは、むしろコロッケやアジフライなど定番中の定番。でありながら大衆を惹きつけて半世紀以上。料理人の父から娘へ、その息子へとつながれ、遺されていくものは何なのだろう。

千葉さんは、いつも考えるのだそうだ。

「私は次の世代に何を遺せるだろうって。百年後の日本酒のために、今、自分には何ができるのか」

眠らない彼女の脳は、すでに遥か未来、自分がいなくなった後の世界を想像していた。

二〇一八年五月号

私

一九八五年生まれ

千葉麻里絵　Marie Chiba

二〇一五年七月、恵比寿にオープンした「ジェム・バイ・モト」で、彼女は誰も知らない日本酒世界を体験させる。冷やし方、温め方はもとより、スパイスやお茶を組み合わせて味を生かすこと、料理との口中調味で味覚を広げること。次々と呑み手を覚醒させる千葉さんは、今や飛ぶ鳥を落とす勢いの日本酒界にあってミューズといわれるが、八年前は懸命にチラシを配っていたのだ。

岩手・盛岡で育ち、山形大学で物質化学を学んだ。アルバイト先の居酒屋で日本酒に開眼、一旦はSE職に就くも退社。二〇一〇年、二十五歳で新宿「日本酒スタンド酛《もと》」のオープニングスタッフとなる。当時は日本酒低迷期。背を向ける呑み手に振り向いて欲しくてスタンドという気軽な形にし、チラシを配った。それぞれのおいしさを、どうすれば「正確」に伝えられる？　と考えて、自分には化学があると気がついた。

簡単を選んでは人に追いつけない。そう語る千葉さんは、休日には自腹で全国の酒蔵に飛び、造り手と会う。彼女は必ず一人で行く。仲間とつるんでいては訊けない話、見えないことがあるからだ。彼女が店長となった「酛」の五周年には、全国から二十蔵がお祝いに駆けつけた。

目指していたのは初めから、「日本酒の価値を上げること」である。品質管理のため四合瓶をスタンダードにする、西洋料理のレストランに日本酒が並ぶ、その時代を二〇二〇年の東京オリンピックまでにつくりたい。それは酒蔵の真剣勝負を誰よりも知る者としての使命だと、きっと思っている。

昭和

昭和二十五年創業

水口食堂　Mizuguchishokudo

二代目の水口初音さんは昭和十六年生まれ。「水口食堂」の一人娘で、五歳上の正さんは、結婚して水口家に入った。初音さんが生まれたとき、父の音吉さんは五十歳、食券制の食堂で働く料理人だった。第二次世界大戦が激化すると初音さんと妹は疎開したが、幼い妹は母を慕って浅草に戻ってしまい大空襲に遭う。父と初音さんは助かり、母と妹は亡くなった。

終戦五年後、音吉さんが初代となって「水口食堂」を開くと、やはり無事だった叔母とその子ども二人も身を寄せ、助け合って働いた。

最初は三軒長屋の一軒だったが、隣が空いて買い、その隣が火事を起こして譲り受け、一棟すべてが「水口食堂」になる。平成元年に二階を増築、二十年に改装。そうして一歩一歩、「店を増やすより、調える」ことを心がけた。今では三代目となる息子の淳さんも、裕子さんという可愛いお嫁さんをもらって万々歳だ。

よく働いてよく食べた昭和の時代のボリュームを、今なお守っている。量も太っ腹なら、品書きの数もざっと一〇〇品以上。

なかでも「水口食堂」と言えば「いり豚」である。シャキシャキの玉葱と豚肉のついつい後を引く味は、初代と当時の料理長がごはんに合うよう考案したというが、これに瓶ビールが千葉さんの定番。

ところで定休前日になると、正さんが番をする会計台の横に「明日休ませていただきます」という札が出現する。でなければうっかり明日も来てしまう、日課にしている常連客が多いのだ。

28

最初のスピリットを継続する

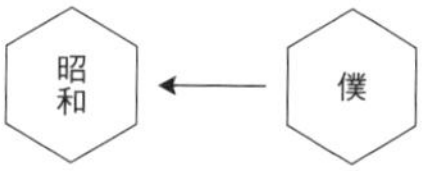

スペシャリスト／コーヒー
松島大介　「パドラーズコーヒー」店主

「マロ」（喫茶）中野

家族が食べるものと同じように

「パドラーズコーヒー」は気持ちがいい。桜の古木の下で、犬の散歩途中のおじいさんがコーヒーを飲む。テーブルではプール帰りの姉妹がおやつを待っている。店主の松島大介《まつしまだいすけ》さんは全員を等しく迎え、日々の言葉を交わす。

彼が尊敬するのはどんなお店だろう。

コーヒーを落とす合間に訊いてみた。

「マロ」と答えた彼は、不意に横を向き「ドライカレーだよね？」と問いかける。

「『マロ』と言えばね」と返した女性スタッフは、幼馴染みなのだった。

中野区中野、駅前の商店街で育った彼らにとって「マロ」は、生まれたときからいつでもそこにある店だ。いや、生まれる前、松島さんのお母さんが高校時代から通っていた喫茶店。

「家族でごはんを食べに行く店でした。僕はいつもポークジンジャーだったけど、ある日同級生に、えっドライカレー食べたことないの？　って驚かれて」

そんな風に街のみんなが行っていて、行けば友だち一家が食べていたりする。お客も家族なら、お店も夫婦の家族経営。

「僕は今でも家族経営の店ばっかり行ってる。顔がわかるっていうことは、落ち着くから」

酒井《さかい》康光《やすみつ》さん・るり子さん夫妻が「マロ」を始めたのは、昭和四十九年。当時は母、姉、妹も店に立っていた。そもそもなぜ喫茶店だったのかというと、本人曰く「それしかできなかったから」だ。

今でこそ酒場密集地帯だが、戦後復興期の昭和二十四年に完成した中野新仲見世商店街には、八百屋、豆腐屋、本屋などの商店が並んでいた。

その翌年に生まれた酒井さんの実家はレコード店。しかし高度経済成長期に大型商業ビルが建つと商店街から人が消え、つづいて店が消えていく。

酒井家では立ちゆかなくなる前に商売替えを決め、在庫を抱えない条件で考えたのが飲食業、なかでも自分たちにできそうなのが喫茶店だった。

でも、密かな動機がもう一つある。

「中学の頃から料理が好きでした」

だからコーヒー専門店でなく、昭和の時代は「スナック喫茶」と呼ばれた店で、酒井さんはカレーやスパゲッティや焼き飯を作った。ドライカレーは昭和六十一年の改装後から始めたメニュー。ちなみにこのとき、「焼き飯」は「ピラフ」というカタカナの名前になったが、醤油を鍋肌でジュッと焦がす和風に変わりはない。

「私が作るのは家の味です。今の食べものはいろいろ手を加えるんでしょうけど、昔はこういうので許された」

特別な材料や技術など何も無い。

ただ、家族が食べるものと同じように。ドライカレーならウイスキーや醤油の隠し味を使い、二日置いて味を落ち着かせる。ごはんはバターで炒めた上、パセリを刻んで加えている。ひょっとしたら、食べ手には気づかれないかもしれないほどささやかな仕事を、夫妻は外さない。

「緑があると、彩りがいいですから」

松島さんが「すごく好き」と言うのは、そういうところだ。

変わらないこと＝信頼

「『マロ』はすべてがちょうどいい」

ご馳走過ぎず、がんばり過ぎない。

極めて普通、と彼ら自身が語る決まった仕事を、日々淡々とつづけているだけである。たとえばコーヒーだって、スペシャルティだとか豆の産地がどうこうなんてことはない。けれど注文ごとに豆を挽き、ハンドドリップで落とす。毎日の掃除に加えて、週に一度は床磨きも欠かさない。

創業以来、必ず、ずっと。

「長くつづいている店だから好きなわけじゃない。〝昔ながら〟が全部いいとも思わない。初めの頃のスピリットを継続していることが、すごいんです」

松島さんにとって、変わらないこと＝信頼。あの店に行けばあのメニュー、あの味、あの居心地がある。いつ行ってもあるしずっとある。そういう信頼だ。

たしかに酒井さんは、コンソメスープのカップも、カレンダーも、自分が気に入ったものを見つけて使いつづけている。というか、気に入りつづけている。

店を大きくしようとか、もっと繁盛させようとも思わなかった。ブレンドコーヒー一杯、三四〇円。家族が生活できればそれでいい、という考えを変えなかったから、今もその価格である。

意欲がなかっただけと夫妻は笑うけど、四十三年間、病欠はともにたった一日だ。店の都合で、早仕舞いや臨時休業などできないのだそうだ。なぜなら、営業時間と定休日は「お客さんとの約束」だから。

「変わらずにつづけていくというのは難しいかもしれないけど、『マロ』は、つづけようと思わせてくれるお店。僕も生涯お店をやりたいと」

「パドラーズコーヒー」はまだ五年目だが、松島さんは、店に出たくなかった日は一日も無いそうだ。そう思える人生はとても幸せで、コーヒー屋という職業を選んで良かったことの一番だと彼は言う。

では、酒井さんの一番は何だろう？

「いろんな人と知り合えることです」

昭和は世の中が急ピッチで変わり、中野には多くの人が流入した。会社員、自由業、単身者に家族連れ。夫妻はこの場所であらゆる人々を受け容れ、輪ができていく光景を見つづけてきた、それが幸せだった。

決めごとを淡々とつづける、静かな日々でも同じ日はない。

思いがけない瞬間は日常に潜んでいる。ちょっと前までお母さんに連れられて来ていた男の子が大きくなって、「コーヒー屋になる」と報告に来る日だってあるのだ。

二〇一七年十一月号

僕

一九八五年生まれ

松島大介

Daisuke Matsushima

中野の商店街で育ち、十五歳でアメリカ・ポートランドに留学。コーヒーカルチャーが日常に根づいた街で、高校、大学の七年間を過ごした。松島さんは、国も距離もボーダレスにすいっと動く旅人のような人だ。映像の仕事を経て、「長期の旅に出たい」と南米へ。ブラジルを旅する途中で東日本大震災を知り、東北に飛んで半年間支援活動。「地方に住みたい」と徳島に移り、古民家再生で知られるアレックス・カー氏の助手もしている。

旅をしながら、彼がつくろうと思ったのは、人が集まる場所だ。コーヒーはその理由になる。「コーヒーでも飲もうか」と立ち寄れば、誰かがいて音楽があって、おいしかった以外の何かを持って帰れる空間。で、松島さんはグァテマラへ飛ぶのである。ヒッチハイクで一ヵ月間農園を回り、帰りに立ち寄ったポートランドで「スタンプタウン」の豆をアジアで初めて扱う縁を得る。

当初は仕入れた豆を無店舗で売っていたが、彼はネット販売でなく、豆をリュックに詰めて届けに行く商いを選んだ。二〇一三年、参宮橋の飲食店の一角を間借りして「パドラーズコーヒー」がスタート、二〇一五年に渋谷区西原で店を構えた。ちなみに店で使うマグカップも、作家の住むブルックリンまで会いに行って注文したものだ。

「まずは会いに行く、顔を見て話を訊く。そうしないと気持ちが入らない」

何でもスマホで済ませる時代、非合理な彼のコミュニケーションは、眩しいくらい真っ当に思える。

昭和

昭和四十九年創業

マロ

maro

店主・酒井康光さんは昭和二十五年生まれ。同年、両親が中野新仲見世商店街の写真屋を買い取って商売を始めたばかりで、産院も商店街の近所だった。実家ではカメラ用品のほか雑多な商品を売っていたが、廃盤レコードを扱い始めてレコード店となる。

昭和四十九年、一家が喫茶店「マロ」を開いたときは酒井さん二十四歳、新婚の妻・るり子さんと一緒に切り盛りすることになった。店名は義兄が「覚えやすい」と発案したもので、意味は無い。

日本の喫茶店は、昭和三十年代から四十年代にかけて盛り上がり、昭和五十年代半ばでピークに達している。日本人が、用事があっても無くてもどこかの喫茶店に集まった時代。「マロ」が開店した頃は、こだわりのマスターが淹れるコーヒー専門店が増えていたそうだ。

しかし中野では価格が高いとやっていけない。それに酒井さん自身は料理を作りたかったから、当時「スナック喫茶」といわれる店を選んだ。昭和六十一年に改装するまで夜はアルコールも呑め、バブルの時代は深夜まで忙しかった。

本文に登場するカレンダーは色のグラデーションが気に入っていて、いつも買っていた店が扱いをやめてからはネットで取り寄せているほど。カラフル過ぎて「祝日がわからない」と言われても「うちはオレンジが休み」と返してこれ一筋。コンソメスープのカップは、アメリカ・コーニング社「コレール」の廃盤品。ささやかだが揺らぐことのない美意識が、店のあちこちにある。

おわりに

『メトロミニッツ』誌の連載「僕らが尊敬する 昭和のこころ」を一冊の本にまとめる構想は、スタート時から持っていたものです。しかし「本当にまとめなければいけない」という使命感みたいなものは、回を重ねるにつれて大きくなっていきました。

これまで飲食に関わる人々を少なからず取材してきましたが、すでに看板を張って勝負しているシェフやソムリエ、店主たちが、自分の弱さや迷いをこれほど素直に口にしてくれる取材はありませんでした。世界から注目を浴びるシェフも、東京の宝といわれるソムリエも、昭和からつづく大きな存在の前では一人の若造、ということなのでしょうか。

一方で昭和の店の人々は、「日々するべきことをしてきただけ」と淡々としていて、自分たちの仕事が、あるいは存在そのものが、誰かの人生に影響を与えているという事実にあまり気づいていません。あたりまえのこと、たいそうなものではない。だからとりたてて世の中に伝える意思も無い。だとすればその哲学や心意気は、いずれ黙ったまま消えてしまいます。

本当なら隠しておきたい、心の奥にしまってあるもの。

やがては消えてしまう「昭和のこころ」。

そういう大切な言葉を預かったからには、必要とする人へきちんと届ける責任がある、それが私の使命感でした。

ところが若い料理人やソムリエたちの迷いは、全然違う仕事をしている私自身の迷いにも重なり、昭和の店を訪れれば、先達の正しさに救われたりしたのです。彼らの言葉は、飲食の仕事をする人だけでなく、どんな職業でも、何歳でも、多くの人が必要としているかもしれない。そのぼんやりとした予感もまた、実感になっていきました。

うれしいことに、本連載を「全部読みたい」と言ってくれる声が聞こえてきたのです。『メトロミニッツ』は、東京都内の地下鉄駅構内で無料配布されるフリーマガジン。毎月十万部という今どき驚愕の発行部数ですが、読める人は「都内」で「地下鉄利用者」に限られ、さらに人気雑誌ゆえにすぐ無くなってしまいます。読み逃してしまうと、もともとが無料だからバックナンバーを購入するということができません。そんなこともあって、発行元のスターツ出版にご協力いただき、河出書房新社より書籍化されることとなりました。

本書『変わらない店　僕らが尊敬する昭和　東京編』では、連載の第一回から二十八回までを収録していますが、雑誌での掲載順そのままではありません。

目次には、「僕ら」である《料理人の目線》《ソムリエの目線》《スペシャリストの目線》という大きなくくりを設けました。これは取材をするなかで「厨房で働く人と客席フロアで働く人とでは、見るところが違うなぁ」と感じることがたびたびあったからです。

そして「僕ら」の一人ひとりには、彼らのお店の料理世界とお店のスタイルを入れました。東京は、イタリア・フランス・ポルトガル・スペイン・日本とあらゆる料理世界が集まる街。さらに、たとえばイタリアの料理であっても、リストランテ、トラットリア、カウンター・イタリアンなどさまざまなスタイルがあるからです。

もっと言えば、料理はフランスだけど形態は居酒屋だとか、スペインならモダンスパニッシュやバルだけじゃない、「メゾン」なる聞き慣れないカテゴリーも出現しています。

ワインの世界ではイタリアやフランスといった「産地」だけでなく、ナチュラルワインという「造り」あるいは「思想」でも選ばれる時代がきています。

もはや単純に「イタリア料理店」「ワインバー」などでは収まりきらない。飲食店がひしめき合い、しのぎを削る東京では、専門化、深化、ボーダレス化といったさまざまな現象がいっぺんに起きている。そんな二〇一八年の東京の飲食事情が、目次からほのかに感じられれば小さくガッツポーズです。


本書のタイトル、『変わらない店　僕らが尊敬する昭和　東京編』についてお話しします。

若き飲食人たちから、最も多く聞かれた言葉が「変わらずに在りつづけること」、その難しさと憧れでした。逆説的ですが、「変わらない」と言われるためには、変わりつづけなければなりません。昨日より今日、今日より明日、という努力を重ねた末にやっと与えられる「変わらない」という称号。そういう敬意を持っての「変わらない店」ということです。

今は、他人に対しての敬意が失われつつある時代です。

みんな自分の手元足元ばかりを見て、周りの人々を想像できぬまま「誰も尊敬できない」と嘯《うそぶ》いている。でも、だからこそ意識の下には「本当は尊敬したい」というモヤモヤが潜んでいる、という気がしています。

そんな世の中で「僕ら」は、「ここに尊敬できるものがある、尊敬できる人がいる」と教えてくれました。何かを、誰かを尊敬できるって、やっぱり単純に嬉しいのです。

最後に。

大切な話を聞かせてくださった「僕ら」のみなさま、「昭和」の店のみなさま、ありがとうございました。書籍を楽しみにしてくださっていた「バッカス」のマスター・飯塚徳治さん、ご冥福を心よりお祈り申し上げます。

「僕らが尊敬する 昭和のこころ」の連載を豪快に即決してくれた『メトロミニッツ』前編集長・渡辺弘貴氏、それを大事に引き継いでくれた野中ゆみ編集長、第一回から一緒に誌面を作ってきた担当編集者・松島千冬氏。本書で昭和の美しさをデザインしてくれた菅渉宇氏、そして連載の書籍化を、すばらしい行動力で実現してくれた編集の田中優子氏。校閲のかた、両出版社のかたがた、関わってくださったみなさまに、心から御礼を申し上げます。

二〇一八年八月

井川直子

19 モンド
☎ 03・3725・6292
東京都目黒区自由が丘3・13・11

銀座レカン
☎ 03・3561・9706
東京都中央区銀座4・5・5
ミキモト銀座4丁目本店ビルB1F

20 ボン・ピナール
☎ 03・5856・4151
東京都港区元麻布2・1・21 YSビルB1F

天茂（てんしげ）
☎ 03・3584・3746
東京都港区赤坂3・6・10
第3セイコービル2F

21 オルディヴェール
☎ 03・6874・3380
東京都港区白金3・9・8
スカーラ白金シティプラザB1F

ビストロ喜楽亭
☎ 03・3410・5289
東京都世田谷区池尻3・30・5

22 祖餐（そさん）
☎ 0467・37・8549
神奈川県鎌倉市御成町2・9-2F

コート・ドール
☎ 03・3455・5145
東京都港区三田5・2・18 三田ハウス1F

23 マルカン
☎ 03・5731・2117
東京都目黒区中根1・1・7

幡ヶ谷 大昌園
※移転準備中

24 バー カコイ
☎ 03・6264・0590
東京都中央区銀座3・14・8
銀座NKビルB1F

魚竹
☎ 03・3541・0168
東京都中央区築地1・9・1

25 サンサ
☎ 03・3583・4200
東京都港区赤坂2・20・19
赤坂菅井ビル1F

赤坂砂場
☎ 03・3583・7670
東京都港区赤坂6・3・5

26 麦酒屋 るぷりん
☎ 03・6228・5728
東京都中央区銀座6・7・7 浦野ビル3F

泰明庵（たいめいあん）
☎ 03・3571・0840
東京都中央区銀座6・3・14

27 ジェム・バイ・モト
☎ 03・6455・6998
東京都渋谷区恵比寿1・30・9

水口食堂
☎ 03・3844・2725
東京都台東区浅草2・4・9

28 パドラーズコーヒー
☎ なし
東京都渋谷区西原2・26・5

maro（マロ）
☎ 03・3388・9519
東京都中野区中野5・55・9

10 ボルト
☎ 03・5579・8740
東京都新宿区箪笥町27
神楽坂佐藤ビル1F

支那そば屋 こうや
☎ 03・3351・1756
東京都新宿区四谷1・23

11 クリスチアノ
☎ 03・5790・0909
東京都渋谷区富ヶ谷1・51・10

ラ・ブランシュ
☎ 03・3499・0824
東京都渋谷区渋谷2・3・1
青山ポニーハイム2F

12 エスタシオン
☎ 03・5225・3808
東京都新宿区神楽坂 3・6
カーサピッコラ神楽坂1F

三州屋 銀座店
☎ 03・3564・2758
東京都中央区銀座2・3・4

13 傳（でん）
☎ 03・6455・5433
（予約受付12:00〜17:00）
東京都渋谷区神宮前2・3・18
建築家会館JIA館

共栄堂
☎ 03・3291・1475
東京都千代田区神田神保町1・6
サンビルB1F

14 焼鳥今井
☎ 03・6447・1710
東京都渋谷区神宮前3・42・11
ローザビアンカ 1F

埼玉屋
☎ 03・3911・5843
東京都北区東十条2・5・12

15 さいめ
☎ 090・9813・9980
東京都新宿区納戸町33
平野ビルガーデンヒルズ市ヶ谷101

志ま平
☎ 03・5261・8381
東京都新宿区納戸町33

16 マルショウ アリク
☎ 03・6432・6880
東京都世田谷区世田谷4・2・12
共悦マーケット

バッカス
※閉店

17 HIBANA（ヒバナ）
☎ 03・6380・5375
東京都新宿区荒木町3・6 第三ハルシオン3F

丸千葉
☎03・3872・4216
東京都台東区日本堤1・1・3

18 ロッツォシチリア
☎ 03・5447・1955
東京都港区白金1・1・12 内野マンション1F

名曲喫茶ライオン
☎ 03・3461・6858
東京都渋谷区道玄坂2・19・13

1 ゴロシタ.
☎ 03・5794・8568
東京都渋谷区恵比寿南1・18・9
TimeZoneヒルトップビル4F-A

重よし
☎ 03・3400・4044
東京都渋谷区神宮前6・35・3
コープオリンピア1F

2 カルネヤサノマンズ
☎ 03・6447・4829
東京都港区西麻布3・17・25
KHK西麻布ビル

冨味屋（ふみや）
☎ 03・3844・3667
東京都台東区浅草2・14・7

3 ダ・オルモ
☎ 03・6432・4073
東京都港区虎ノ門5・3・9
ZELKOVA5 101

ビーフン東（あずま）
☎ 03・3571・6078
東京都港区新橋2・20・15
新橋駅前ビル1号館 2F

4 メゼババ
☎ 03・3636・5550
（予約受付16:00〜19:00）
東京都江東区亀戸6・26・5

オーボンヴュータン
☎ 03・3703・8428
東京都世田谷区等々力2・1・3

5 サローネ トウキョウ
☎ 03・6257・3017
東京都千代田区有楽町1・1・2
東京ミッドタウン日比谷3F 316

イーハトーボ
☎ 03・3466・1815
東京都世田谷区北沢2・34・9 トキワビル2F

6 レフェルヴェソンス
☎ 03・5766・9500
東京都港区西麻布2・26・4

鳥茂
☎ 03・3379・5188
東京都渋谷区代々木2・6・5

7 フロリレージュ
☎ 03・6440・0878
東京都渋谷区神宮前2・5・4
SEIZAN外苑B1F

スリジェ
※閉店

8 シンシア
☎ 03・6804・2006
東京都渋谷区千駄ヶ谷 3・7・13
原宿東急アパートメントB1F

一幸庵（いっこうあん）
☎ 03・5684・6591
東京都文京区小石川5・3・15

9 ビストロ コティディアン
☎ 03・6435・3241
東京都港区麻布十番3・9・2
タモン麻布2F

その
☎ 03・3454・5254
東京都港区麻布十番2・10・7

＊本書は『メトロミニッツ』（スターツ出版株式会社発行、2016年4月号～2018年7月号）誌に掲載された連載「僕らが尊敬する昭和のこころ」を加筆修正し（本文内の年月日は掲載時のもの）、書き下ろしを加えたものです。

◎帯写真撮影
キッチンミノル

◎口絵ページ写真撮影
キッチンミノル
2 冨味屋　4 オーボンヴュータン　5 イーハトーボ
6 鳥茂　8 一幸庵　11 ラ・ブランシュ
12 三州屋 銀座店　16 バッカス　17 丸千葉
18 名曲喫茶ライオン　19 銀座レカン　20 天茂
22 コート・ドール　26 泰明庵　27 水口食堂　28 マロ

松園多聞
1 重よし　3 ビーフン東　7 スリジェ　13 共栄堂
14 埼玉屋　15 志ま平　21 ビストロ喜楽亭　24 魚竹
25 赤坂砂場

高橋宗正
9 その　10 支那そば屋 こうや

ただ（ゆかい）
23 幡ヶ谷 大昌園

井川直子　Naoko Ikawa

文筆家。料理人、サービス人、生産者、醸造家など、食と酒にまつわる「人」と「時代」をテーマとするノンフィクションを執筆。『dancyu』『料理通信』『メトロミニッツ』など各誌で連載記事を持つほか、新聞にもエッセイなどを寄稿。近著に『昭和の店に惹かれる理由』『シェフを「つづける」ということ』（ともにミシマ社）がある。

変わらない店　僕らが尊敬する昭和　東京編

２０１８年９月20日　初版印刷
２０１８年９月30日　初版発行

著　者　井川直子
装　丁　菅渉宇（スガデザイン）
発行者　小野寺優
発行所　株式会社河出書房新社
〒１５１-００５１　東京都渋谷区千駄ヶ谷２-32-２
電　話　０３-３４０４-１２０１（営業）
０３-３４０４-８６１１（編集）
http://www.kawade.co.jp/
組　版　KAWADE DTP WORKS
印　刷　図書印刷株式会社
製　本　図書印刷株式会社
Printed in Japan
ISBN 978-4-309-02729-6